¿Qué hay de nuevo?

¿Qué hay de nuevo?

José B. Fernández
University of Central Florida

Nasario García
University of Southern Colorado

D. C. Heath and Company
Lexington, Massachusetts   Toronto

A Lilía y Consuelo

To my father, Nasario P. García

Illustration p. 110 by Irene Delano; from *The Child's Gifts: A Twelfth Night Tale*, by Tomás Blanco. Text and illustrations copyright 1962 by Tomás Blanco and music by Jack Delano. Used by permission of the Westminster Press, Philadelphia, PA.

ii *Seville, Spain* Owen Franken Stock, Boston **2** *Retiro Park, Madrid, Spain* Renate Hiller Monkmeyer Press Photo Service **6** *Segovia, Spain* Mark Antman The Image Works **13** *Grenada, Spain* Arthur Glauberman Photo Researchers, Inc. **16** *Madrid, Spain* Renate Hiller Monkmeyer Press Photo Service **23** *Spain* Sybil Shelton Peter Arnold, Inc. **27** *Seville, Spain* Peter Menzel Stock, Boston **29** *Madrid, Spain* Peter Menzel **38** *Mijas, Spain* David S. Strickler Monkmeyer Press Photo Service **43** *Seville, Spain* Peter Menzel Stock, Boston **46** *Burgos, Spain* Mark Antman The Image Works **49** *Madrid, Spain* Renate Hiller Monkmeyer Press Photo Service **57** *Spain* Renate Hiller Monkmeyer Press Photo Service **63** *Gran Via, Madrid, Spain* Renate Hiller Monkmeyer Press Photo Service **68** *Spain* Renate Hiller Monkmeyer Press Photo Service **70** *Seville, Spain* Peter Menzel Stock, Boston **73** *El Rastro, Madrid, Spain* Victor Englebert Photo Researchers, Inc. **80** *Madrid, Spain* Beryl Goldberg **83** *Mexico* Joel Gordon **86** *Tepoztlan, Mexico* Beryl Goldberg **89** *Spain* Renate Hiller Monkmeyer Press Photo Service **95** *Spain* Renate Hiller Monkmeyer Press Photo Service **100** *Andalusia, Spain* Helena Kolda Photo Researchers, Inc. **102** *Court of the Lions, Alhambra Granada, Spain* Evelyn Hofer Archive Pictures, Inc. **112** *Extremadura farm, Spain* George Gerster Rapho/Photo Researchers, Inc. **114** *Near Guernica, Spain* Owen Franken Stock, Boston **115** *Spain* Owen Franken Stock, Boston **123** *National University SDRD* Rogers Monkmeyer Press Photo Service **124** *University of Santiago, Chile* Katherine A. Lambert **129** *Spain* Owen Franken Stock, Boston **132** *Cali, Colombia* Victor Englebert Photo Researchers, Inc. **138** *National Congress of Rural Workers, Buenos Aires, Argentina* UPI/Bettmann Archive **141** *Madrid, Spain* Wilhelm Braga Photo Researchers, Inc. **146** *Huancayl, Peru* Beryl Goldberg **150** *Guyaquil, Ecuador* Bernard Pierre Wolf Photo Researchers, Inc. **154** *Mexico City, Mexico* Beryl Goldberg **157** *Barcelona, Spain* Arthur Glauberman Photo Researchers, Inc. **163** *University of Costa Rica, San Jose, Costa Rica* Kay Reese Katherine A. Lambert **166** *Gabriel García Márquez* Philippe Ledru Sygma **169** *Madrid, Spain* Peter Menzel **172** *Santiago, Chile* Katherine A. Lambert **175** *Seville, Spain* Peter Menzel Stock, Boston **184** *Guardia Civil, Spain* George Holton Photo Researchers, Inc. **200** *Seville, Spain* Peter Menzel Stock, Boston **202** *Andalusia, Spain* J. Koudalka Magnum Photos

Copyright © 1985 by D. C. Heath and Company

Published simultaneously in Canada.

Printed in the United States of America.

International Standard Book Number: 0–669–05908–0

Library of Congress Catalog Card Number: 84–81196

Preface

¿Qué hay de nuevo? is a conversation/composition reader designed for students who already possess an elementary knowledge of Spanish. Its primary purpose is to provide the student with the vocabulary necessary to interact effectively in Spanish in practical, real-life situations—such as visiting a travel agency, going shopping at a large department store, and attending a private party—while also sharpening the student's reading and writing skills.

¿Qué hay de nuevo? contains twenty-two lessons, each with an opening dialogue, vocabulary list, notes, and set of exercises. Part I (Lessons 1–12) introduces the student to an American couple visiting Spain and naturally going through several personal and cultural experiences. Part II (Lessons 13–22) presents different characters in different interactive settings.

Preceding each lesson is a list of objectives focusing on (1) Conversation, (2) Vocabulary, and (3) Notes of Interest. The *Objectives* provide an overview of each lesson, as well as specific goals for student achievement. The *Conversación* centers on a specific theme through an authentic dialogue using practical, up-to-date Spanish. It is followed by the *Vocabulario Práctico,* listing all words and expressions that are not usually included in elementary texts. The *Notas de interés,* written in English, give students cultural information on various facets of Hispanic people and their lives, and acquaint students with a system of customs and beliefs different from their own.

There are six different types of exercises in *¿Qué hay de nuevo?*

(1) *¿Recuerda Ud.?* consists of questions that test the student's recall and comprehension of the dialogues;

(2) *Práctica del vocabulario* contains vocabulary exercises such as fill-in-the-blank, matching, dialogue completion, and definitions, based on the active vocabulary from the dialogue and *Notas de interés;*

(3) *Preguntas personales* encourage the student to express personal and subjective views using the situation covered in the lesson as a point of departure;

(4) *Descripción del dibujo/de la foto* involves active participation from the student, eliciting his or her perception of a situation portrayed by drawings or photographs;

(5) *Actividades* contain a number of speaking, writing, and role-playing activities such as telegraphing, interviewing, and so forth;

(6) *Escribamos o conversemos* provides an outline for developing and sharpening the student's writing or speaking skills in a controlled and cohesive manner. This activity is directly related to the situation presented in the lesson's *Conversación.* The outline consists of *Introducción, Desarrollo,* and *Conclusión,* carefully sequenced to achieve maximum results.

¿Qué hay de nuevo? also has marginal glosses in the dialogue portion of the lesson. These glosses are English equivalents of words not considered part of the student's lexicon at the intermediate level or not directly related to the topic of this lesson. Last, a Spanish/English *Vocabulario* is included at the end of the textbook for quick, easy reference.

We would like to express our sincere appreciation to professors Louise H. Allen, Pueblo Community College, and Eduardo Zayas-Bazán, East Tennessee State University, for their excellent suggestions in reviewing the manuscript. Our special thanks to Gilbert Sánchez, vice President of Academic Affairs, University of Southern Colorado, and to Professor Jerrell H. Shofner, University of Central Florida, for their genuine interest and their support of our project. Finally, we give special thanks to the staff of D. C. Heath and Company for its editorial assistance.

Contenido

PARTE I

In Part One you will meet Miguel and Elena Rivera, an American couple from Miami, who will visit Spain for the first time. You will follow them in their adventures in airports, hotels, restaurants, banks, and shops. You will travel with them through cities and villages and see daily life in Spain through their eyes.

En la agencia de viajes

OBJECTIVES

SITUATION: Miguel Rivera García and his wife, Elena Bonilla de Rivera, make arrangements with Teresa Estrada, a travel agent, for a trip to Spain from Miami, Florida, where they live.

VOCABULARY: Words and expressions that are necessary when traveling will become part of your active vocabulary.

NOTES OF INTEREST: You will learn about Spanish family names. Also equivalents used in various Spanish-speaking countries for the word *ticket* will be presented.

ACTIVITIES: By the end of this lesson you will be able to arrange a trip abroad through a Spanish-speaking travel agency.

Conversación

SRTA. ESTRADA	—Buenos días, ¿qué tal? ¡Tanto tiempo sin verlos! ¿Qué hay de nuevo?
SR. RIVERA	—Teresa, Elena y yo queremos hacer un viaje a España y por eso venimos a verte.
SRTA. ESTRADA	—¿Qué parte de España desean visitar?
SRA. RIVERA	—Yo quiero ir a Madrid y a Andalucía,° pero Miguel tiene ganas de visitar Asturias.°
SRTA. ESTRADA	—*(Sacando un folleto de una gaveta° del escritorio.)°* Bueno, creo que tengo algo que les va a gustar. Hay una gira muy barata de dos semanas por diferentes regiones de España.
SR. RIVERA	—¿Qué incluye la gira?
SRTA. ESTRADA	—Incluye pasaje de ida y vuelta, hospedaje en muy buenos hoteles, comidas y varios recorridos.
SRA. RIVERA	—¿Cuánto cuesta la gira?
SRTA. ESTRADA	—Cuesta 1.565 dólares por persona. Es una ganga. ¿Qué les parece?
SR. RIVERA	—Bueno, no está mal, pero no soy amigo de las giras. Soy aventurero y me gusta viajar por mi propia cuenta.
SRA. RIVERA	—Pero, Miguel, en la gira iremos más cómodos. Además, el precio no es muy caro.
SR. RIVERA	—Sí, pero si vamos solos tendremos más tiempo para visitar los lugares que nos interesan, y hasta podremos ahorrarnos dinero.
SRTA. ESTRADA	—*(Después de esperar varios minutos mientras el matrimonio discute.)* Por fin, ¿han decidido?
SR. RIVERA	—Vamos a discutirlo en casa y entonces te diremos mañana.

region in southern Spain
region in northern Spain
drawer / desk

△▽△ I. ¿Recuerda Ud.?

1. ¿Qué quieren hacer los señores Rivera?
2. ¿Quién es la señorita Estrada?
3. ¿Qué parte de España quiere visitar la señora Rivera?
4. ¿Qué es Asturias? Explique.
5. ¿Qué saca la señorita Estrada de la gaveta del escritorio?
6. ¿Cuánto cuesta la gira y qué incluye?
7. ¿Qué prefiere hacer el señor Rivera? ¿Por qué?
8. ¿Qué cree Ud. que hará el matrimonio?

(Al día siguiente)

SR. RIVERA —Bueno, Teresa, ya hemos decidido. Iremos por nuestra propia cuenta. ¿Qué nos recomiendas?

SRTA. ESTRADA —Como ya estamos en mayo, deben apurarse° en com-   hurry
prar los boletos y hacer las reservaciones en los hoteles lo antes posible. El mes próximo comienza la temporada y por lo general los precios suben. ¿Les hago reservaciones en los hoteles?

SR. RIVERA —No, eso lo haremos nosotros al llegar a España.

SRA. RIVERA —Teresa, ¿nos puedes conseguir un vuelo sin escala, por favor?

SRTA. ESTRADA —*(Mirando la computadora)* Hay un vuelo de noche que sale de Miami a las seis en punto y llega a Madrid a las ocho de la mañana. Es en un avión 747.

SRA. RIVERA —¿Cuánto cuesta el pasaje de ida y vuelta?

SRTA. ESTRADA —Cuesta 630 dólares por persona. ¿Quieren comprar los boletos ya?

SR. RIVERA —¡Cómo no!

SRTA. ESTRADA —¿Desean algo más?

SRA. RIVERA —No, nada más. Gracias, Teresa.

SRTA. ESTRADA —Gracias a ustedes. ¡Buen viaje!

SR. RIVERA —¡Hasta pronto!

△▽△ II. ¿Recuerda Ud.?

1. ¿Por qué van a subir los precios?
2. ¿En qué mes comienza la temporada?
3. ¿Quién hará las reservaciones en los hoteles?
4. ¿Qué clase de vuelo quiere la señora Rivera?
5. ¿En qué avión hará el vuelo el matrimonio?
6. ¿Cuánto cuesta el pasaje de ida y vuelta?
7. ¿Qué les desea la agente?

Notas de interés

Spaniards and Spanish Americans use the family name of both their father and their mother. The first name after the given name or names is the surname of the father, and the second one is that of the mother. For example, **Beltrán García López** is the son of Mr. García and his wife, whose maiden name was López.

In Spanish-speaking countries a married woman often keeps her maiden name and adds the preposition **de** or a hyphen before her husband's surname, in the form **Elena Bonilla de Rivera.**

The terms **esposo** and **esposa** for husband and wife are used throughout the Spanish-speaking world. **Marido** and **mujer** are also used, but they are more colloquial. The term **matrimonio** is used to refer to a married couple, and **los señores Flores** or **los Flores** means Mr. and Mrs. Flores.

In Spanish America the word for ticket is **boleto,** and in Spain **billete.** In most of the Spanish-American countries a **billete** is paper currency (such as a hundred-**peso** bill). This is also true in the Southwestern United States, especially in New Mexico and southern Colorado.

Vocabulario Práctico

NOMBRES

el **avión**   airplane
el **folleto**   brochure
la **ganga**   bargain
la **gira**   tour
el **hospedaje**   lodging
el **pasaje**   fare, ticket
el **pasaje de ida y vuelta**   round trip fare
el **precio**   price
el **recorrido**   trip
la **temporada**   tourist season
el **vuelo de noche**   night flight
el **vuelo sin escala**   non-stop flight

VERBOS

ahorrar   to save *(money)*
comenzar   to start
conseguir   to find, get
costar   to cost
llegar   to arrive
salir   to leave, depart
subir   to rise, climb
viajar   to travel

ADJETIVOS

barato(a)   inexpensive
caro(a)   expensive
cómodo(a)   comfortable

MODISMOS Y EXPRESIONES ÚTILES

bueno   all right; okay
¡ **buen viaje!**   have a good trip!
¡cómo no!   of course!
¿cuánto cuesta?   how much does it cost?
¿desean algo más?   is there anything else?
en punto   on the dot *(time)*

hacer un viaje   to take a trip
¡hasta pronto!   so long! see you soon!
lo antes posible   as soon as possible
nada más   that's all
no está mal   not bad at all
por lo general   generally, in general
por su propia cuenta   on one's own
¿qué hay de nuevo?   what's new?, what's happening?
¿qué les parece?   what do you think?
¿qué tal?   how are you?
ser amigo de   to be fond of
¡tanto tiempo sin verlos!   it's been so long since I've seen you!
tener ganas de   to feel like, to wish to

Sin embargo, however, nevertheless

△▽△ III. Práctica del vocabulario

A. Complete las frases con la forma correcta de los siguientes vocablos:

matrimonio	**temporada**	**gira**	**cómodo**
recorrido	**caro**	**salir**	**mujer**
ahorrar	**conseguir**	**marido**	**hospedaje**

1. Hicimos un .... por esa parte de España.
2. Ayer Teresa nos .... un pasaje de ida y vuelta.
3. El .... en ese hotel cuesta mucho dinero.
4. La .... no incluye comidas.
5. El .... Rivera quiere hacer un viaje a España.
6. Me .... mucho dinero cuando compré un pasaje de ida y vuelta.
7. Miguel es el .... de Elena.
8. El vuelo .... de Miami mañana por la tarde.
9. Los pasajes están muy ....
10. La .... comienza mañana y los precios subirán mucho.

B. Defina en español las siguientes palabras:

1. un matrimonio
2. un pasaje de ida y vuelta
3. un folleto
4. una ganga
5. un vuelo sin escala

C. Llene los espacios con la expresión apropiada de la siguiente lista, haciendo cambios cuando sean necesarios:

a. nada más
b. por eso
c. tener ganas de
d. ¡cómo no!
e. en punto
f. ¿qué hay de nuevo?

1. Buenos días, Elena, ...
2. Nuestra clase comienza a las ocho ....
3. ¿Quieres ir a España? ....
4. Quiero comprar un pasaje. ....
5. Ella .... ir a España.

△▽△ **IV.   Preguntas personales**

1. ¿Por qué es mejor comprar los boletos antes de comenzar la temporada?
2. ¿Le gustaría a Ud. trabajar en una agencia de viajes? Explique.
3. Cuando Ud. está de vacaciones, ¿qué es lo que más le gusta hacer?
4. ¿Qué país le gustaría visitar a Ud.? ¿Por qué?
5. ¿Le gusta a Ud. viajar? Explique.
6. ¿Cuál es su forma preferida de viajar? Explique.
7. ¿Prefiere Ud. ir en una gira? ¿Por qué?
8. ¿Cree Ud. que es importante leer un folleto antes de comenzar un viaje? Explique.

△▽△ **V.   Descripción del dibujo**

1. ¿De qué tamaño es esta oficina?
2. ¿Cuántos escritorios ve Ud.?
3. ¿Quiénes son las agentes de la agencia?
4. ¿Qué cosas se ven sobre los escritorios?
5. ¿Qué le está enseñando la agente al matrimonio?

△▽△ VI. Actividades

A. Prepare una lista de los lugares de interés de su ciudad o estado y consiga información sobre ellos. Luego, prepare un breve folleto basado en la información que ha conseguido.

B. Prepare una gira por los Estados Unidos para los miembros de la clase.

△▽△ VII. Escribamos o conversemos

Ud. quiere hacer un viaje. El modelo siguiente lo ayudará en la tarea.

Título: Mi viaje a...

   I. *Introducción*
      A. ¿Por qué quiero hacer el viaje?
         1. Me gustaría conocer los lugares interesantes del país.
         2. Quiero conocer a la gente.
         3. Quiero aprender más sobre la cultura de ese país.
         4. Me interesa practicar el idioma.

  II. *Desarrollo*
      A. ¿Cómo haría los preparativos?
         1. ¿Cuánto costaría el viaje?
         2. ¿Cómo obtendría el dinero?
         3. ¿Iría solo (a) o con familiares o amigos?
         4. ¿Iría en una gira o por mi propia cuenta?
         5. ¿Visitaría muchos o pocos lugares?
         6. ¿Trataría de conocer a los habitantes? ¿Por qué?

 III. *Conclusión*
    Resuma Ud. los resultados educativos o las diversiones que espera obtener de este viaje.

En en el aeropuerto

OBJECTIVES

SITUATION: The Riveras check in at the airline counter and board the plane.

VOCABULARY: You will learn expressions to help you find your way around an airport.

NOTES OF INTEREST: You will become familiar with equivalents used in several countries for the word *suitcase*. Weight limits for baggage on international flights will also be discussed.

ACTIVITIES: After completing this lesson, you will be able to go to an airport in a Spanish-speaking country, board a plane, talk with airline personnel, and converse with other passengers.

Conversación

SRA. RIVERA	—*(Dirigiéndose a° su esposo)* Menos mal que llegamos temprano porque no me gusta hacer cola.
SR. RIVERA	—Además, tendremos bastante tiempo para reservar los asientos.
SR. DÍAZ	—*(Saludando° al matrimonio)* Buenas tardes, me llamo Jorge Díaz. Sus boletos, por favor.
SR. RIVERA	—Aquí están.
SR. DÍAZ	—*(Operando la computadora)* Muy bien. Las reservaciones están confirmadas en clase turista. ¿Qué asientos desean?
SRA. RIVERA	—Queremos dos asientos en la sección de los no fumadores, preferiblemente hacia el ala.
SR. DÍAZ	—*(Mostrándoles un plano del avión)* ¿Qué les parecen los asientos 33A y B?
SR. RIVERA	—¡Qué bien! Están en muy buen lugar. A propósito, ¿sabe cuál es la película que pondrán° en el vuelo?
SR. DÍAZ	—No, señor. Sería mejor preguntarle a la azafata al abordar el avión. ¿Cuántas maletas tienen para facturar?
SRA. RIVERA	—Tenemos dos maletas grandes.
SR. DÍAZ	*(Pesando el equipaje)* Todo está en regla y no tienen sobrecargo. Aquí tienen los comprobantes para reclamar el equipaje a la llegada.
SRA. RIVERA	—¿Tendremos que hacer aduana allí?
SR. DÍAZ	—Sí señora. Los aduaneros en Madrid les revisarán el equipaje y les inspeccionarán la documentación.°
SRA. RIVERA	—¿Algo más?
SR. DÍAZ	—No, aquí tienen sus tarjetas de embarque. Favor de estar en el salón de espera media hora antes de la salida del vuelo.
SR. RIVERA	—Mil gracias.
SR. DÍAZ	—De nada.
SR. RIVERA	—*(A su esposa)* Elena, como tenemos que esperar, ¿por qué no vamos al bar? Desde allí podemos ver el despegue y el aterrizaje de los aviones y entretenernos un poco.
SRA. RIVERA	—Sí, buena idea.

Glosses (right margin):
addressing
greeting
they will show
documents

△▽△ I. ¿Recuerda Ud.?

1. ¿Qué no le gusta a la señora Rivera?
2. ¿Dónde quiere sentarse el matrimonio?
3. ¿Qué les dice el señor Díaz acerca de la película?
4. ¿Tiene mucho equipaje el matrimonio? Explique.
5. ¿Dónde tendrán que hacer aduana los Rivera?
6. ¿Qué les harán en la aduana? Explique bien.
7. ¿Dónde tienen que estar los Rivera media hora antes del vuelo?
8. ¿Adónde quiere ir el señor Rivera y por qué?

(Al rato oyen la voz del señor Díaz por el altoparlante.)

SR. DÍAZ —Pasajeros, su atención, por favor. Anunciamos la llegada del vuelo 958 procendente de San Juan con destino a Madrid. Favor de dirigirse al salón de espera en la puerta de salida número 23.

SR. RIVERA —*(Tras° pasar por la inspección de seguridad)* Elena, ¿no crees que esa inspección es una tontería?   After

SRA. RIVERA —No estoy de acuerdo. Es una lata pero es necesaria
para evitar° un secuestro aéreo. *(Luego, los señores*   to avoid
Rivera escuchan la orden de abordar el avión,
muestran sus tarjetas de embarque, entran y se
sientan en sus puestos.)

SR. RIVERA   Elena, hay que abrocharse el cinturón de seguridad.
Pronto vendrá la azafata de la aerolínea a dar las instrucciones. *(Despues de las instrucciones se oye la voz*
del piloto.)

PILOTO   —Buenas tardes, damas y caballeros. Bienvenidos al
vuelo 958. Ya estamos en la pista y hemos recibido de
la torre de control el permiso para despegar. De parte
de la tripulación, les deseamos un feliz viaje.

△▽△ II.   ¿Recuerda Ud.?

1. ¿Cuál es el número del vuelo de los Rivera y de dónde viene?
2. ¿Por dónde tienen que pasar los pasajeros?
3. ¿Por qué dice la señora Rivera que es necesaria la inspección de seguridad?
4. ¿Qué muestran los Rivera al abordar el avión?
5. ¿Qué hace el matrimonio después de sentarse en sus asientos?
6. ¿De dónde recibe el piloto el permiso para despegar?
7. ¿Qué les dice el piloto a los pasajeros?

Notas de interés

In most Spanish American countries one says **maleta** for suitcase. In Mexico **velís** and sometimes **petaca** (which means foot-locker in parts of New Mexico) are common. **La valija** is the usual word for suitcase in Argentina and Uruguay.

The maximum weight allowed on international flights is twenty kilos or forty-four pounds per person; anything that exceeds this amount is subject to a **sobrecargo** (surcharge).

▽△▽△▽△▽△▽△▽△▽△▽△▽△▽△▽△▽△▽△▽△▽△▽△
Vocabulario Práctico

NOMBRES

la **aduana** customs
el (la) **aduanero(a)** customs official
la **aerolínea** airline
el **ala** *(f)* wing
el **altoparlante** loudspeaker

el **asiento** seat
el **aterrizaje** landing
la **azafata** stewardess *el camarero*
el **cinturón de seguridad** seatbelt
la **clase turista** coach

contrabando smuggle contraband

el **comprobante** claim ticket
el **despegue** take-off
el **equipaje** luggage
la **inspección de seguridad** security check
la **llegada** arrival
la **pista** runway
el **plano** seating plan
la **puerta de salida** departure gate
el **puesto** place
la **salida** departure
el **salón de espera** waiting room
la **sección de los no fumadores** non-smoking section
el **secuestro aéreo** hijacking
la **tarjeta de embarque** boarding pass
la **torre de control** control tower
la **tripulación** crew

VERBOS

abordar to board
abrocharse to fasten
despegar to take off

facturar to check in *(baggage)*
pesar to weigh
reclamar to claim
revisar to inspect

MODISMOS Y EXPRESIONES ÚTILES

al rato a while later
bienvenidos welcome
con destino a destined for
de nada you're welcome
de parte de on behalf of
en regla in order
entretenerse un poco to kill some time
favor de dirigirse a please go to
hacer aduana to pass through customs
hacer cola to stand in line
menos mal (que) luckily
mil gracias thanks a lot
no estar de acuerdo to disagree
procedente de coming from
¡qué bien! great!
ser una lata to be a nuisance
ser una tontería to be silly

△▽

△▽△ **III.** Práctica del vocabulario

A. Escoja el vocablo apropiado, haciendo cambios cuando sean necesarios:

pista	aduanero	maleta	abrocharse
despegar	llegada	sobrecargo	ala
equipaje	azafata	abordar	reclamar

1. El señor .... el cinturón de seguridad antes del aterrizaje.
2. Estos turistas no tienen muchas ....
3. La .... del aeropuerto es muy grande.
4. La .... atendió a los pasajeros.
5. Tuve que pagar veinte dólares de ....
6. El agente facturó todo el ....
7. En los aviones 747, los motores están debajo de las ....
8. Anoche, el avión .... a las ocho de la noche.
9. La .... del avión no es hasta las tres de la tarde.
10. El .... me inspeccionó la documentación.

B. Exprese en español el significado de las siguientes palabras:

1. el despegue
2. el altoparlante
3. la torre de control
4. el comprobante
5. la aduana

C. Escriba una oración usando las siguientes expresiones:

1. ser una lata
2. menos mal
3. de parte de
4. hacer cola
5. ser una tontería

△▽△ **IV.   Preguntas personales**

1. ¿Se pone Ud. nervioso(a) cuando viaja por avión? ¿Por qué?
2. ¿Puede Ud. nombrar cinco aerolíneas importantes? ¿Cuáles son?
3. ¿Dónde prefiere sentarse Ud. cuando viaja por avión?
4. ¿Le gusta a Ud. viajar en la clase turista? ¿Por qué?
5. ¿Qué hace Ud. si la aerolínea pierde su equipaje? Explique.
6. ¿Está Ud. de acuerdo con Elena cuando dice que la inspección de seguridad es necesaria? ¿Por qué?
7. ¿Qué haría Ud. en caso de un secuestro aéreo?

△▽△ **V.   Actividades**

A. El salón de clase se convertirá en un 747, y varios alumnos harán el papel de la tripulación. Los demás serán los pasajeros. Ejemplos: uno de los pasajeros tiene miedo y hay que calmarlo; otro viaja con niños; a otro no le gusta la comida.
B. Describa lo que están haciendo los pasajeros en el siguiente dibujo mientras esperan para abordar el avión.

△▽△ **VI.   Descripción de la foto**

1. ¿Dónde están los motores de este avión (ver la foto en la página 13)?
2. ¿Cree Ud. que este avión va a despegar? Explique.
3. ¿Cómo se llama la aerolínea? ¿De qué país es?
4. ¿Cuáles pasajeros irán de vacaciones, y quiénes irán a visitar a sus parientes?
5. Describa Ud. lo que harán las azafatas al despegar el avión.

△▽△ **VII.   Escribamos o conversemos**

Según el modelo que aquí se le ofrece, prepare Ud. una conversación o escriba una composición sobre el siguiente tema.

Título: Mi viaje por avión

I. *Introducción*
    ¿Cuál fue el motivo del viaje?

II. *Desarrollo*
    A. ¿Por qué escogí viajar por avión?
    B. ¿Escogí el vuelo por conveniencia o por la reputación de la aerolínea?
    C. El avión
       1. ¿Era grande?
       2. ¿Era cómodo?
       3. ¿Había películas?
    D. La atención
       1. ¿Eran atentos los empleados?
       2. ¿Era buena la comida?
    E. El vuelo
       1. ¿Cómo fue el despegue?
       2. ¿Fue un vuelo largo o corto?
       3. ¿Hubo problemas o tormentas?
       4. ¿Cómo fue el aterrizaje?

III. *Conclusión*
     Por qué (no) volvería a viajar por avión.

En el hotel

OBJECTIVES

SITUATION: Miguel and Elena arrive in Madrid and check into a hotel.

VOCABULARY: You will study words and expressions that relate to hotels and hotel personnel.

NOTES OF INTEREST: You will be introduced to various forms of accommodations for tourists and the system used by the Spanish government to rate hotels.

ACTIVITIES: By the end of this lesson you will know how to choose a particular type of lodging, check in and out of a hotel, and talk to hotel personnel.

Conversación

ELENA	—*(A su esposo)* ¿No crees que primero deberíamos ver un hostal o una pensión? Mira que es un hotel de tres estrellas.
MIGUEL	—No, no es necesario.
RECEPCIONISTA	—Buenos días, señores. ¿En qué puedo servirles?
MIGUEL	—¿Tiene usted un doble disponible?
RECEPCIONISTA	—¿Han hecho ustedes reservaciones?
MIGUEL	—No señor. Apenas llegamos.
RECEPCIONISTA	—Siempre es conveniente hacerlas y así uno se evita molestias.
MIGUEL	—Entonces, ¿no tiene nada? ¿Ni siquiera un sencillo?
RECEPCIONISTA	—*(Mirando el registro)* Vamos a ver. Han tenido suerte. Dos huéspedes se marcharon a las nueve y hay un doble desocupado. Está en la primera planta.
MIGUEL	—¡Magnífico! ¿Cuánto cuesta la habitación?
RECEPCIONISTA	—Cuesta 2.650 pesetas° diarias sin pensión.
ELENA	—Por casualidad, ¿da a la calle?
RECEPCIONISTA	—Sí, da a la calle. También tiene su cuarto de baño privado con ducha, bañera, wáter y lavabo. La habitación siempre está muy limpia porque tenemos una camarera excelente.
ELENA	—¿Tiene aire acondicionado?°
RECEPCIONISTA	—No, señora. No hace falta,° porque la habitación es muy fresca.° Por fin, ¿la quieren?
MIGUEL	—Sí, nos quedamos con ella.
RECEPCIONISTA	—Bien, aquí está la llave. Favor de firmar el registro y de entregarme sus pasaportes. Después pueden recogerlos en el casillero.
ELENA	—Acaso, ¿tiene piscina el hotel?
RECEPCIONISTA	—No, señora.
MIGUEL	—¿Aceptan tarjetas de crédito?
RECEPCIONISTA	—No señor, solamente aceptamos pagar la cuenta en efectivo o con cheques de viajeros.
MIGUEL	—Bien. ¿Qué hacemos con el equipaje?
RECEPCIONISTA	—Ahora mismo le aviso° al botones. Ya pueden tomar ese ascensor que está al lado del vestíbulo.
ELENA	—Muchas gracias. Es usted muy amable.
RECEPCIONISTA	—De nada. Estoy aquí para servirles.

Glosses (right margin):
- pesetas° — Spain's monetary unit
- aire acondicionado° — air-conditioning
- No hace falta° — it isn't needed
- fresca° — cool
- aviso° — I'll call

△▽△ I. ¿Recuerda Ud.?

1. ¿Por qué dice Elena que deberían ver un hostal o una pensión?
2. ¿Qué clase de habitación quiere el matrimonio Rivera?
3. ¿Por qué dice el recepcionista que es conveniente hacer reservaciones?
4. ¿Por qué miró el registro el recepcionista?
5. ¿Por qué dice el recepcionista que Miguel y Elena han tenido suerte?
6. ¿Cuál es el precio de la habitación?
7. Según el recepcionista, ¿cómo es la habitación?
8. ¿Qué les entregaron los Rivera al recepcionista? ¿Por qué?
9. ¿Cómo puede pagar la cuenta Miguel?
10. ¿Quién les va a llevar el equipaje?

alojamientos
accommodation
logements
unterkünfte

HOTELES Y APARTAMENTOS

Para información relativa a hoteles, pensiones y apartamentos consúltese la "Lista de Establecimientos Hoteleros de la Provincia", que facilita gratuitamente la Oficina de Turismo.

Notas de interés

The Spanish government uses one to five stars to rate hotels. Five stars are awarded to the most elegant hotels, and one star designates the least extravagant ones.

The price of hotels in Spain is regulated by the government, and thus room rates are usually posted in the lobby as well as in the individual rooms. The prices quoted include taxes, surcharges, and service charges.

There are two types of relatively inexpensive hotels: **hostales** (*inns*) and **pensiones** (*boarding houses*). The word **pensión** can also refer to full board, where one takes all meals in the hotel. Compared to hotels in the United States, these accommodations are not at all costly, but there is usually a twenty percent surcharge to guests who do not eat at least one meal a day on the premises.

In European and Latin American hotels **la planta baja** is the equivalent of the main or first floor in the United States; **la primera planta** then, would be the second floor in the United States.

There are several words for hotel room or bedroom in Spanish: **habitación, recámara,** and **cuarto** are the most frequently used.

La pareja — couple

Vocabulario Práctico

el gerente — manager

NOMBRES

el **ascensor**   elevator
la **bañera**   bathtub
el **botones**   bell-boy
la **camarera**   maid; chambermaid
el **casillero**   set of mailboxes
el **cuarto de baño**   bathroom
el **cheque de viajeros**   travelers' checks
el **doble**   room with a double bed
la **ducha**   shower
el **huésped**   guest
el **lavabo**   sink
la **llave**   key
la **molestia**   trouble
la **piscina**   swimming pool
el (la) **recepcionista**   desk clerk
el **sencillo**   single room
la **tarjeta de crédito**   credit card
el **vestíbulo**   foyer, lobby
el **wáter**   toilet

VERBOS

entregar   to hand (over)
evitarse   to spare oneself

firmar   to sign
pagar   to pay
recoger   to pick up

ADJETIVOS

desocupado(a)   vacant
diario(a)   a day
disponible   available
limpio(a)   clean

MODISMOS Y EXPRESIONES ÚTILES

acaso   perhaps
ahora mismo   right now
al lado de   next to
apenas   barely
dar a la calle   to face the street
en efectivo   in cash
¿en qué puedo servirles?   may I help you?
ni siquiera   not even
para servirles   at your service
por casualidad   by chance
quedarse con   to keep, take
ser muy amable   to be kind, nice

así, so, in this way

△▽△ II. Práctica del vocabulario

A. Complete las frases con la forma correcta de los siguientes vocablos:

casillero	botones	ducha	vestíbulo
ascensor	desocupado	pensión	lavabo
entregar	pagar	firmar	limpio

1. El .... llevó el equipaje a la habitación.
2. No hay ninguna habitación .... en el hotel.
3. El cuarto de baño no tiene ....
4. La habitación estaba muy ....
5. Los huéspedes estaban sentados en el .... del hotel.

6. El recepcionista puso la llave en el ....
7. Me lavé las manos en el ....
8. Cuando llegué al hotel .... el registro.
9. Tomamos el .... para subir a la habitación.
10. Yo .... la cuenta antes de marcharme del hotel.

B. Explique en español la diferencia entre:

1. un hotel y una pensión
2. una tarjeta de crédito y un cheque de viajeros
3. un sencillo y un doble
4. la planta baja y la primera planta
5. una camarera y un botones

C. Complete las siguientes frases con la expresión apropiada de la siguiente lista, haciendo cambios cuando sean necesarios:

ahora mismo	dar a la calle
ni siquiera	para servirles
por casualidad	ser muy amable

1. Mis amigos ....
2. La habitación no ....
3. Soy tan pobre que .... tengo un dólar.
4. Necesito una habitación ....
5. .... , ¿tiene piscina el hotel?

△▽△ III. Preguntas personales

1. ¿Prefiere Ud. una habitación con cuarto de baño privado? ¿Por qué?
2. Cuando Ud. viaja, ¿prefiere llevar dinero, o tarjeta de crédito, o cheques de viajeros? Explique.
3. ¿Cuáles son las ventajas o desventajas de una pensión?
4. ¿Prefiere Ud. un cuarto que dé a la calle o un cuarto interior? ¿Por qué?
5. Si Ud. está en la habitación de un hotel y necesita algo, ¿qué hace?
6. ¿Ha tenido Ud. alguna mala experiencia en un hotel? Descríbala.
7. ¿Quiere Ud. trabajar algún día en un hotel? ¿Por qué?

IV. Descripción del dibujo

1. ¿Cuántas maletas tiene el matrimonio?
2. ¿Qué está haciendo el recepcionista?
3. ¿Dónde están los otros huéspedes?
4. Describa lo que está haciendo el botones.
5. ¿Cómo se llama el hotel? ¿Es caro o barato? Explique.

Ventaja   advantage
desventaja   disadvantage

△▽△ V. Actividades

A. Complete los siguientes diálogos:

1. TURISTA   —Buenos días, ¿tienen un sencillo disponible?
    RECEPCIONISTA   —...
    TURISTA   —¿Cuánto cuesta?
    RECEPCIONISTA   —...
    TURISTA   —¡Diez mil pesetas por día! ¡Qué caro!
    RECEPCIONISTA   —...
    TURISTA   —Sí, me quedo con él.
    RECEPCIONISTA   —...
    TURISTA   —¿Qué hago con las maletas?
    RECEPCIONISTA   —...

2. TURISTA   —...
    RECEPCIONISTA   —Pero si tenemos una camarera excelente.
    TURISTA   —...
    RECEPCIONISTA   —Es que solamente hay agua caliente por la noche.
    TURISTA   —...
    RECEPCIONISTA   —Bueno, el aire acondicionado funcionaba ayer.
    TURISTA   —...

B. Imagínese ser un hotelero y prepare un folleto propagandístico acerca de su hotel.

△▽△ VI. Escribamos o conversemos

Escriba Ud. una composición o dé un breve informe. El siguiente modelo lo ayudará en la tarea.

Título: ¿Cómo escoger un buen hotel?

   I. *Introducción*
      Mi idea de un buen hotel.

  II. *Desarrollo*
      1. ¿Es un hotel bien situado?
      2. ¿Cómo son las habitaciones?
      3. ¿Son razonables los precios?
      4. ¿Parece limpio?
      5. ¿Hay piscina? ¿Buen restaurante? ¿Bar?

 III. *Conclusión*
      Molestias que sin embargo no he podido evitar.

La comida española

OBJECTIVES

SITUATION: Elena writes to her sister about Spanish restaurants and cafés.

VOCABULARY: You will learn a variety of expressions related to dining, specific foods, and food preparation.

NOTES OF INTEREST: Some of the differences between Spanish and North American eating habits will be highlighted.

ACTIVITIES: This unit will help you to become familiar with foods eaten by Spanish speakers. You will examine a copy of an authentic Spanish menu, and you will find out how to order in a Spanish restaurant.

▽△▽△▽△▽△▽△▽△▽△▽△▽△▽△▽△▽△▽△▽△▽△▽△▽△▽△▽

Una Carta

Madrid, 3 de junio

Querida María Isabel:

Aunque hace solamente tres días que llegamos a Madrid, pronto tendremos que ponernos a dieta porque aquí se come mucho. Como verás en esta carta, casi todo lo que hicimos ayer fue comer.

Después de levantarnos a las ocho de la mañana, fuimos a un café a tomar el desayuno. Como los españoles se desayunan bastante ligero, pedimos café con leche y pan.

Después del desayuno fuimos a ver El Retiro. Como ese parque es tan grande y tan hermoso, estuvimos recorriéndolo° toda la mañana,   touring
y conversamos con varios españoles que nos encontramos allí.

A eso de las doce ya teníamos hambre, pero como aquí el almuerzo se toma entre las dos y las cuatro de la tarde, decidimos no perder° el   to waste
tiempo y fuimos a visitar El Museo Naval.° A propósito, aquí al   museum of naval history
almuerzo lo llaman la comida.

By the way

Después de visitar el museo, fuimos al centro a comer en un restaurante. No llegamos al restaurante hasta las dos y media, porque como casi todos los españoles quieren volver a la casa para comer y dormir la siesta, había unos tapones° horribles.

Al llegar al restaurante, ya me estaba muriendo de hambre, y el camarero nos trajo el menú inmediatamente. Miguel ordenó a la carta pero yo, por el contrario, pedí el menú del día, que incluía una sopa de pescado, una pechuga de pollo asado, helado y un vaso de vino.

El servicio lo encontré° muy bueno aunque Miguel tuvo que dar varias palmadas, porque aquí es costumbre hacer sobremesa, y por eso los camareros se demoran° en traer la cuenta.

Cuando el camarero nos trajo la cuenta creí que nos iba a costar un ojo de la cara por lo mucho que comimos. Afortunadamente, todo salió muy barato y todo estaba muy sabroso. Salimos a las tres y media del restaurante y fuimos al hotel para dormir la siesta.

Después de dormir más de la cuenta nos arreglamos° y fuimos a dar un paseo por la Plaza Mayor.° Como aquí no se cena hasta las diez de la noche, estuvimos paseando y comiendo unas tapas y bebiendo cerveza en un café al aire libre. A las diez fuimos a cenar y no salimos del restaurante hasta las doce.

Bueno, hermana, como has podido ver, las costumbres de la comida aquí son diferentes a las de Estados Unidos, pero todo nos gusta mucho. Ya te contaré° más de este país.

Cariños y abrazos a todos.

Te quiere tu hermana,

Elena

traffic jams (Puerto Rican)

found

are late

fixed ourselves up
one of Madrid's most popular squares

I'll tell you

△▽△ I. ¿Recuerda Ud.?

1. ¿A quién le escribe Elena durante su viaje?
2. ¿Por qué dice Elena que el matrimonio tendrá que ponerse a dieta?
3. ¿Qué hicieron en El Retiro?
4. ¿Por qué había tapones?
5. ¿Qué platos incluía el menú del día?
6. ¿Por qué se demoró en traer la cuenta el camarero?
7. ¿Adónde fueron los señores Rivera después de dormir la siesta?
8. Generalmente, ¿a qué hora se cena en España?
9. ¿Qué hicieron antes de cenar? Explique.
10. ¿A qué hora y dónde cenaron Miguel y Elena?

AL MÉRITO TURÍSTICO

MINISTERIO DE INFORMACIÓN Y TURISMO
ESPAÑA

Notas de interés

Meals are different in Spanish-speaking countries from those in the United States. Breakfast, for example, is very light and is eaten between seven and nine o'clock. The word for breakfast varies according to country: in Spain it is called **el desayuno;** in New Mexico and southern Colorado, **el almuerzo.** In certain Spanish-American countries, however, **almuerzo** refers to lunch. In most of the Spanish-speaking world, the main meal of the day is eaten between two and four o'clock. In Spain this is called **la comida.** Since they eat dinner late, Spaniards often have a **merienda** (snack) or a few **tapas** (tidbits) sometime before the **cena** (dinner).

The symbol used by the Spanish government to rate restaurants is a fork. The outstanding are awarded five forks, and the plainest, one fork.

Some characteristics of Spanish restaurants are: 1) a **menú del día,** a complete meal for a bargain price 2) **hojas de reclamación,** complaint sheets required by the Spanish government to protect customers, and 3) gratuities that are included in the price of the meal. However, people usually do leave a small tip (**propina**).

In Spain and Spanish America, **el café** is an important place for eating and socializing. In many Spanish **cafés** waiters share all tips in a jar called **el bote.**

In Spain it is customary to call a waiter by clapping one's hands, which is called **dar palmadas.** It is also common in Spain and Spanish American countries to chat after a meal for a fairly long period of time. This is known as **la sobremesa.**

Five special dishes frequently offered are **cocido madrileño** (a stew made with chick peas, potatoes, chopped meat, sausages, and bacon); **cochinillo asado** (roast suckling pig); **paella** (casserole of rice and seafood); **zarzuela de mariscos** (seafood stew); and **gazpacho** (cold soup with tomatoes, cucumbers, and peppers).

Vocabulario Práctico

NOMBRES

el **café**   coffee
el **camarero**   waiter
la **cerveza**   beer
el **helado**   ice cream
la **leche**   milk
el **pan**   bread
la **pechuga de pollo**   chicken breast
la **sopa de pescado**   fish soup
la propina - tip

VERBOS

beber   to drink
cenar   to dine
comer   to eat
desayunar(se)   to have breakfast
pedir   to order; to ask for
traer   to bring

ADJETIVOS

asado(a)   roasted

ligero(a)   light
sabroso(a)   delicious

MODISMOS Y EXPRESIONES ÚTILES

a eso de   around *(time)*
café al aire libre   sidewalk cafe
cariños a   (give my) love to
como verás   as you'll see
costar un ojo de la cara   to cost a fortune
dar un paseo   to take a stroll
estarse muriendo de hambre   to be
   famished
más de la cuenta   more than usual
perder el tiempo   to waste time
ponerse a dieta   to go on a diet
querido(a)   dear
tomar el desayuno   to have breakfast

dar palmadas - give commands
hacer sobremesa - hang out after dinner

△▽△ II.   Práctica del vocabulario

A. Complete las frases con la forma correcta de los siguientes vocablos:

palmada	traer	desayunarse	pedir
tapa	leche	sobremesa	bote
helado	vino	cenar	ligero

1. El .... es un postre muy sabroso.
2. Bebí mucho .... con la comida.
3. En mi casa .... a las diez de la noche.
4. Nos quedamos en el restaurante haciendo la ....
5. El camarero nos .... el menú.
6. Me gusta .... muy temprano por la mañana.
7. El camarero puso su propina en el ....
8. La .... es blanca.
9. Mi esposo tuvo que dar varias .... para llamar al camarero.
10. Comimos unas .... antes de la cena.

aperitivo
plato principal
postre

el vinagre

la sal

la copa

la cuchara

el cuchillo

el tenedor

el aceite

la pimienta

el ajo

las galletas

los churros

el estofado

las gambas

la sidra

la gaseosa

las almejas

la ensalada

las aceitunas

el chorizo

la alcachofa

las zanahorias

los tomates

los champiñones

la trucha

el filete

el arroz

el pato

el apio

el entrecot

las judías

los espárragos

la patata

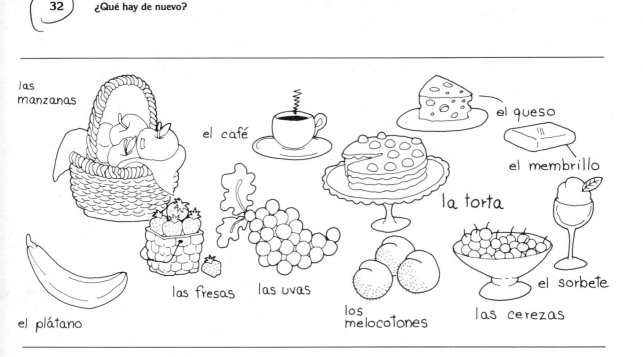

las manzanas

el café

el queso

el membrillo

la torta

el plátano

las fresas   las uvas

los melocotones

las cerezas

el sorbete

B. Escoja la palabra que no corresponda en cada grupo de palabras:

1. filete   almeja   gamba   trucha
2. aceite   ajo   gaseosa   sal
3. judías   apio   zanahoria cereza
4. pato   pollo   entrecote membrillo
5. cuchillo   cuchara   tenedor   camarero

C. Llene los espacios con la palabra o expresión apropiada de la siguiente lista, haciendo cambios cuando sean necesarios:

ponerse a dieta   a eso de
más de la cuenta   perder el tiempo
estarse muriendo de hambre   dar un paseo

1. Voy a *dar un paseo* por el centro.
2. Me levanto *a eso de* las ocho de la mañana.
3. Necesito *ponerme a dieta* porque como mucho.
4. Comí *más de la cuenta* en ese restaurante.
5. .... porque no había comido nada.

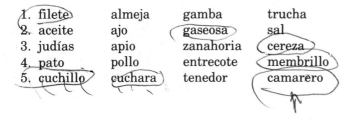

Me soy muriendo de hambre

△▽△ III. Preguntas personales

1. ¿Toma Ud. un desayuno fuerte o ligero por la mañana? Explique.
2. ¿Pediría Ud. su comida a la carta o preferiría el menú del día? Explique.
3. ¿Cuáles son las ventajas y desventajas de comer en un restaurante?
4. ¿Le gustaría a Ud. ser camarero en un restaurante? ¿Por qué?
5. ¿Ha tenido Ud. alguna mala experiencia en un restaurante? Cuéntela.
6. ¿Se ha puesto Ud. a dieta alguna vez? ¿Por qué?
7. ¿Cuál le gusta más, el horario que usan los españoles para la comida o el que usan los norteamericanos? ¿Por qué?
8. ¿Le gustaría a Ud. tener la costumbre de dormir la siesta todos los días?

CASA FUNDADA EN 1725

CALLE DE CUCHILLEROS, 17 · MADRID

TELEFONO 2 66 42 17

ENTREMESES Y JUGOS DE FRUTA

Jugos de Frutas, Piña, Tomate, Naranja	110
Entremeses variados.	395
Jamón Serrano	795
Melón con Jamón	565
Ensalada Riojana.	285
Ensalada BOTIN (con pollo y jamón)	335
MORCILLA DE BURGOS	135
SALMON AHUMADO	790
SURTIDO DE AHUMADOS	535

SOPAS

Sopa al cuarto de hora (de pescados y mariscos)	390
Sopa de Ajo con huevo.	215
Caldo de Ave	175
Gazpacho Campero	240

HUEVOS

Huevos revueltos con champiñón	240
Huevos a la Flamenca.	240
Tortilla con gambas	240
Tortilla con jamón.	240
Tortilla con chorizo.	240
Tortilla con espárragos	240
Tortilla con escabeche	240

LEGUMBRES

Guisantes con jamón	290
Espárragos con mahonesa	485
Alcachofas salteadas con jamón	290
Judías verdes con tomate y jamón	290
Ensalada de lechuga y tomate	175
Champiñón salteado.	290
Patatas fritas.	95
Patatas asadas.	95

PESCADOS

Angulas.	1.200
Almejas BOTIN.	540
Langostinos con Mahonesa	1.275
Cazuela de Pescados a la Marinera.	490
Gambas a la plancha.	550
Merluza rebozada	850
Merluza al Horno.	850
Merluza con salsa Mahonesa.	850
Calamares fritos	390
Lenguado frito, al horno o a la plancha (pieza)	850
Trucha a la Navarra	390
Chipirones en su tinta (Arroz blanco)	415

C A R T A
SERVICIO E IMPUESTOS INCLUIDOS

RESTAURANT
3.ª categoría

ASADOS Y PARRILLAS

COCHINILLO ASADO	~~950~~ *950*
CORDERO ASADO	1.100
Pollo Asado 1/2	300
Pollo en cacerola 1/2	370
Pechuga "Villeroy"	375
Perdiz estofada 1/2	695
Chuletas de cerdo adobadas	475
Filete de ternera con patatas	795
Escalope de ternera con patatas	700
Ternera Asada con guisantes	675
Solomillo con patatas	945
Solomillo con champiñón	945
Entrecot a la plancha, con guarnición	765
Ternera a la Riojana	720

POSTRES

Tarta helada	200
Tarta de crema	200
Tarta de manzana	185
Flan	140
Flan con nata	210
Helado de vainilla, chocolate o caramelo	165
Espuma de Chocolate	165
Dulce de Membrillo	110
Melocotón en Almíbar	165
Melocotón con nata	225
Compota de Frutas en Almíbar	100
Fruta del Tiempo	195
Queso	260
Piña en Almíbar	110
Piña natural al Dry-Sack	220
Fresón al gusto	315
Sorbete de limón	205
Sorbete de frambuesa	205
Melón	125

MENU DE LA CASA
(Primavera - Verano)

Precio: ~~???~~.— Pts. *1452*

Gazpacho
Cochinillo Asado
Helado
Vino o cerveza o agua mineral

VINOS
Valdepeñas o Aragón
Tinto y Blanco

Botella	140	Ptas.
1/2 Botella	75	"
Sangría	250	"
1/2 Sangría	150	"
Rosado	140	"
1/2 Rosado	75	"

△▽△ IV.   Descripción del menú

1. ¿Cuál es el plato más caro de este restaurante (ver las páginas 34–35)?
2. ¿Cuál de estos platos le gustaría pedir? ¿Por qué?
3. ¿Cuál de estos platos no ha probado Ud.? ¿Le gustaría probarlo?
4. ¿Cree Ud. que este menú es extenso? ¿Por qué lo considera así?
5. Este menú incluye una propina obligatoria, ¿no? ¿Cree Ud. que es buena idea?

△▽△ V.   Actividades

A. Use la lista de palabras que aparece en los dibujos en las páginas 31–32 y prepare un menú para su restaurante favorito.
B. Prepare una conversación entre un turista y un camarero sobre el menú de Ejercicio A.

△▽△ VI.   Escribamos o conversemos

Haga Ud. un informe o escriba una composición sobre su restaurante favorito, teniendo en consideración el modelo que aquí se le propone.

Título: Mi restaurante favorito

   I. *Introducción*
      A. ¿Por qué es mi restaurante favorito?
         1. ¿Cómo es?
         2. ¿Dónde está?
         3. ¿Cómo es el ambiente y el decorado?

  II. *Desarrollo*
      A. La comida y el servicio del restaurante
         1. ¿Cómo es la comida?
         2. ¿Cuáles son las especialidades?
         3. ¿Cómo son los precios?
         4. ¿Cómo es el servicio?
         5. ¿Son atentos los camareros?
         6. ¿Es amable el gerente?

 III. *Conclusión*
     Por qué continuaré comiendo en ese restaurante.

En el banco

OBJECTIVES

SITUATION: Miguel goes to the bank to exchange American dollars for Spanish **pesetas.**

VOCABULARY: Words and expressions related to money and banking transactions will become part of your active vocabulary.

NOTES OF INTEREST: You will study the differences in banking procedures between the United States and Spain. You will also become acquainted with the **peseta** and its denominations.

ACTIVITIES: The exercises and activities in this lesson will prepare you to make a variety of banking transactions in a Spanish-speaking country. In addition, you will be asked to prepare a budget.

Conversación

ELENA —Miguel, acuérdate° de cambiar el dinero en un banco y no   remember
en el hotel.

MIGUEL —¿Por qué dices eso?

ELENA —Porque en el banco te darán más dinero que en el hotel.

MIGUEL —¿Vienes conmigo, Elena?

ELENA —No, quiero descansar un poco. Oye,° apúrate° que pronto   listen / hurry up
abrirá el banco y hoy tendremos un día muy ocupado.

MIGUEL —Bueno, me voy, ¡hasta luego!

*(Miguel llega a la sucursal de un banco. Al entrar ve una ventanilla con
el letrero de Cambio de Moneda. Allí lo atiende un cajero.)*

MIGUEL —*(Sacando el talonario de cheques de viajeros.)* Buenos días.
Necesito cambiar dinero. ¿A cómo está el dólar hoy?

CAJERO —¿No se fijó° en el tablero? Allí están las cotizaciones de la   notice
moneda extranjera y de la bolsa de valores. Hoy está
ciento cincuenta pesetas al dólar.

MIGUEL —¿Qué necesito hacer?

CAJERO —Endose los cheques, entrégueme su pasaporte, y presente este resguardo en la ventanilla de pagos cuando le toque el turno. Allí recibirá el dinero en efectivo. Le advierto°   I warn you que siempre se le cobra una pequeña comisión por el canje.

MIGUEL —¿Cuánto tiempo hay que esperar?

CAJERO —Es probable que haya que esperar unos cinco minutos, porque hoy es día de pago y muchos vienen a ingresar dinero en sus cuentas corrientes o en sus cuentas de ahorros.

MIGUEL —¿Vienen muchos a pedir préstamos?

CAJERO —Sí, pero no es fácil conseguir un préstamo porque los intereses están por las nubes.

MIGUEL —¿Está muy alta la tasa de inflación aquí?

CAJERO —Sí, señor, la maldita° inflación acaba con los presupuestos   darned y con las inversiones. Es importante hacer algo para controlarla.

MIGUEL —Bueno, lo importante es tener un saldo favorable en la cuenta de banco y no tener un sobregiro, ¿verdad?

CAJERO —Estoy de acuerdo.

MIGUEL —Gracias por su atención.

CAJERO —De nada.

△▽△   I.   ¿Recuerda Ud.?

1. ¿Qué le dijo Elena a Miguel? ¿Por qué?
2. ¿Qué hizo Elena mientras Miguel fue al banco?
3. ¿Para qué sirve el tablero que está en el banco?
4. ¿A cómo estaba el dólar ese día?
5. ¿Qué tuvo que hacer Miguel para cambiar dinero?
6. ¿Qué le dio el cajero a Miguel?
7. ¿Qué le advirtió el cajero a Miguel?
8. Según el cajero, ¿por qué hay que controlar la inflación?
9. ¿Dónde recibió el dinero Miguel?
10. ¿Cuánto tiempo tuvo que esperar Miguel y por qué?

Notas de interés

Banking transactions in Spain are basically similar to those in the United States. In Spanish banks, however, different transactions are conducted at different windows. Thus, if you want to exchange money or cash a check, you should not expect to receive the cash directly from the teller who waits on you first. Instead, you will be handed a receipt and have to wait your turn at the **ventanilla de pagos** (cashier's window).

The Spanish monetary unit is the **peseta.** In recent years it has fluctuated considerably in ratio to the dollar and at times has stood at about 150/1. There are bills in denominations of one hundred, five hundred, one thousand, and five thousand **pesetas.** Coins come in denominations of one, five, twenty-five, fifty, and one hundred **pesetas.** The five-**peseta** coin is called a **duro.**

Vocabulario Práctico

acciones = shares

NOMBRES

la **bolsa de valores** stock exchange
el (la) **cajero(a)** teller, cashier
el **cambio** exchange
el **canje** exchange
la **cotización** rate

la **cuenta corriente** checking account
la **cuenta de ahorros** savings account
la **cuenta de banco** bank account
el **día de pago** pay day
el **dinero** money

NOMBRES

el **interés**   interest rate
la **inversión**   investment
el **letrero**   sign
la **moneda extranjera**   foreign currency
el **préstamo**   loan
el **presupuesto**   budget
el **resguardo**   receipt
el **saldo**   balance
el **sobregiro**   overdraft
la **sucursal**   branch office
el **tablero**   board
el **talonario**   check book, stub book
la **tasa de inflación**   inflation rate

VERBOS

atender   to wait on

cambiar   to exchange
cobrar   to charge; to cash
endosar   to endorse (*a check*)
ingresar   to deposit

ADJETIVOS

alto(a)   high
ocupado(a)   busy

MODISMOS Y EXPRESIONES ÚTILES

acabar con   to finish off
¿a cómo está?   what's the rate?
estar de acuerdo   to agree
estar por las nubes   to be sky-high
lo importante   the important thing
tocarle el turno   to be one's turn

△▽△▽△▽△▽△▽△▽△▽△▽△▽△▽△▽▲▽△▽△▽△▽△▽△▽△▽△▽△▽△▽△▽

△▽△ II.   Práctica del vocabulario

A. Escoja el vocablo apropiado haciendo cambios cuando sean necesarios:

cobrar	**tablero**	**talonario**	**cotización**
sucursal	**ahorros**	**ingresar**	**cajero**
resguardo	**préstamo**	**endosar**	**sobregiro**

1. El .... indica el cambio de la moneda extranjera.
2. Por favor, ... Ud. este cheque antes de cobrarlo.
3. Mario tiene una cuenta de .... en ese banco.
4. El .... que me atendió es muy amable.
5. Ella tiene un .... de mil dólares en su cuenta.
6. No quiero que me .... una comisión en ese banco.
7. En esa calle hay dos .... del banco más importante de la ciudad.
8. ¿Dónde están las .... de la bolsa de valores?
9. El cajero me dio un .... para entregarlo en la ventanilla de pagos.
10. Juan perdió el .... de cheques de viajeros.

B. Defina Ud. las siguientes palabras en español y escriba una oración con cada una de ellas:

1. el presupuesto
2. endosar
3. la bolsa de valores
4. el préstamo
5. los intereses

C. Complete Ud. las siguientes frases con las palabras o expresiones apropiadas de la siguiente lista, haciendo cambios cuando sean necesarios:

tocar el turno
lo importante
a cómo está
acabar con
estar por las nubes
estar de acuerdo

1. Ayer me .... de ir al banco.
2. La inflación ....
3. Yo siempre .... con el profesor.
4. .... es cambiar el dinero en un banco y no en un hotel.
5. ¿............. la peseta hoy?

△▽△ III.   Preguntas personales

1. ¿Qué es un duro? Explíquelo bien.
2. ¿Cree Ud. que es buena idea tener una cuenta de ahorros?
   Explique.
3. ¿Para qué sirve una cuenta corriente?
4. ¿Qué hace Ud. con su dinero? Explique en detalle.
5. ¿Le gusta a Ud. pedir préstamos o no? ¿Por que?
6. ¿Cuáles son algunas conveniencias de los bancos modernos?
7. ¿Cuáles son algunos problemas de tener un sobregiro en la cuenta?
8. ¿Le gustaría a Ud. ser cajero(a) en un banco?

△▽△ IV.   Descripción de la foto

1. Describa Ud. el tipo de banco que tenemos aquí.
2. ¿Cuántos clientes ve Ud.? Descríbalos.
3. ¿De qué país serán ellos? Explique por qué.
4. ¿Cuál será la differencia entre la segunda y la tercera ventanilla?
5. ¿Diría Ud. que ésta es una sucursal o no? Dé sus razones.

△▽△ **V. Actividades**

A. Haga Ud. un presupuesto en español para su situación actual o para un viaje a España.

B. Nombre Ud. las monedas oficiales de ocho países hispánicos, y pregunte en un banco a cómo están.

△▽△ **VI. Escribamos o conversemos**

Tenga Ud. en cuenta el siguiente plan y prepare una conversación o escriba una composición sobre el tema que se le ofrece para dicho ejercicio.

Título: Cómo me sentiría si me ganara la lotería

I. *Introducción*
   Describa cómo cambiaría su vida.

II. *Desarrollo*
   Describa qué haría con su dinero.
   ¿Lo pondría en el banco?
   ¿Lo invertiría en la bolsa de valores?
   ¿Lo gastaría inmediatamente?
   ¿Compraría un coche caro? ¿Una casa grande?
   ¿Lo regalaría?

III. *Conclusión*
   Por qué (no) es importante tener dinero.

En el correo

OBJECTIVES

SITUATION: Elena and Miguel go to the post office to mail a package and to buy stamps for his collection.

VOCABULARY: You will learn terms and expressions related to postal services.

NOTES OF INTEREST: Differences between the Spanish and American post offices will be presented.

ACTIVITIES: Upon completion of this lesson you will be able to talk to post office employees about mailing packages and letters, and about buying stamps. You will also know how to write a friendly letter in Spanish.

Conversación

ELENA —Miguel, tenemos que ir al correo a mandar estas cartas y estas tarjetas postales.

MIGUEL —Puedes comprar los sellos en un estanco y echar las cartas en un buzón.

ELENA —Sí, pero quiero enviarle este paquete a mi hermana María Isabel por correo aéreo certificado. ¿Me ayudas?

MIGUEL —Ya veo por qué quieres que vaya contigo.

(Como el Correo de Madrid es muy grande, Miguel y Elena se dirigen a Información.)

ELENA —Perdone, señorita, ¿dónde puedo comprar sellos y enviar este paquete al extranjero?

SEÑORITA —En las ventanillas 68 y 69.

MIGUEL —¿Dónde está el Servicio Filatélico?

SEÑORITA —Está al lado de las oficinas de la Caja Postal de Ahorros, que queda frente por frente a Lista de Entrega.

ELENA —¿Dónde se compran los sobres?

SEÑORITA —Se compran en la ventanilla 42, al lado de Entrega Inmediata.

ELENA   —Gracias.

SEÑORITA —De nada.

MIGUEL   —¿Te llevo el paquete hasta la ventanilla?

ELENA   —No, ya no hace falta.

△▽△ I. ¿Recuerda Ud.?

1. ¿Por qué tiene que ir Elena al correo?
2. Según Miguel, ¿dónde puede Elena echar las cartas?
3. ¿Quién es María Isabel?
4. ¿Por qué quiere Elena que Miguel vaya con ella?
5. ¿Por qué van a Información Elena y Miguel?
6. ¿Qué le preguntó Elena a la señorita?
7. ¿Dónde está el Servicio Filatélico?
8. ¿Qué se puede comprar en la ventanilla 42 y dónde está?

(Elena llega a la venta de sellos.)

ELENA   —¿Cuánto cuesta el franqueo de una carta a los Estados
                        Unidos?

DEPENDIENTE —Cuesta 46 pesetas por correo aéreo y 23 pesetas por
                        correo ordinario.

ELENA   —¿Y una tarjeta postal?

DEPENDIENTE —Para una tarjeta postal son 36 pesetas de porte.

ELENA   —¿Cuánto se tardan en llegar las cartas por avión?

DEPENDIENTE —Se tardan menos de una semana. ¿Cuántos sellos
                        quiere?

ELENA   —Déme una hoja de sellos.

DEPENDIENTE —Muy bien. ¿Algo más?

ELENA   —No, gracias.

DEPENDIENTE —¡El siguiente!

HOMENAJE A EL GRECO
Fecha de emisión: 7 de julio de 1982

Valores: 13 y 20 ptas.
Tirada: 10.000.000 de ejemplares
            para cada valor
Papel: Estucado engomado
Estampación: Huecograbado policolor
Tamaño: 28,8 × 40,9 mm. (vertical)
Dentado: 13 1/4
Pliegos: 80 sellos

(Mientras Elena pasa a enviar el paquete Miguel se encuentra en el Servicio Filatélico.)

MIGUEL	—Señor, quisiera comprar la serie conmemorativa de los Reyes° Juan Carlos y Sofía. ¿Cuánto cuesta? *monarchs*
DEPENDIENTE	—Vale mil pesetas.
MIGUEL	—Démela, por favor.
DEPENDIENTE	—¿Algo más?
MIGUEL	—No, pero quisiera suscribirme° al Servicio Filatélico. ¿Qué debo hacer? *to subscribe*
DEPENDIENTE	—Tiene que llenar este formulario y enviarnos un giro postal. Eso sí, tanto el nombre y la dirección del destinatario, como las señas del remitente y el código postal, han de estar bien claros.
MIGUEL	—Muchísimas gracias.
DEPENDIENTE	—Por nada.

(Después de haber terminado, Miguel y Elena se reúnen.)

MIGUEL	—¿Cómo te fue?
ELENA	—Muy bien. ¿Y a ti?
MIGUEL	—¡Divinamente!
ELENA	—Ves, te sirvió de algo venir a ayudarme.

△▽△ II. ¿Recuerda Ud.?

1. ¿Cuánto cuesta enviar una carta de España a los Estados Unidos por correo aéreo?
2. ¿Cuánto se tardan en llegar las cartas?
3. ¿Qué compró Elena? Explique.
4. ¿Qué compró Miguel en el Servicio Filatélico?
5. ¿Cuánto tuvo que pagar?
6. ¿Qué tiene que hacer Miguel para suscribirse al Servicio Filatélico?
7. ¿Por qué le dice Elena a Miguel que le sirvió de algo venir a ayudarle? Explique.

Notas de interés

The following forms are used in addressing relatives or close friends in the opening of a letter, the **salutación:**

Apreciado	(Mi) Querido	Queridísimo
Apreciada	(Mi) Querida	Queridísima

Some commonly used endings (**despedidas**) for friendly letters are:

Abrazos	Cariñosamente	Hasta pronto
Cariños	Con cariño	Te quiere

In Spain postage stamps can be purchased in the **estanco** (tobacco store), also called **expenduría de tabacos,** as well as at the post office. The **estancos** are found almost every-

where. They are small shops distinguished by signs painted in red and yellow stripes—the colors of the Spanish flag.

In general, the Spanish Post Office offers the same services as the U.S. Postal Service. An extra feature of the Spanish Post Office is the **caja postal de ahorros** (postal bank), which serves as a savings and loan institution.

Spanish stamps are often printed in a **serie conmemorativa** which bears the portraits of the current Spanish rulers. By subscribing to the Servicio Filatélico, customers can regularly receive new issues on approval for their collections.

[handwritten: Querida Julia]
[handwritten: °Estimado/a Sr. Smith]
[handwritten: °A quién corresponda:]

▽▽▽▽▽▽▽▽▽▽▽▽▽▽▽▽▽▽▽▽▽▽▽▽▽▽▽

Vocabulario Práctico

[handwritten: pegarse to glue]

NOMBRES

el **buzón**   mailbox
la **carta**   letter
el **código postal**   zip code
el **correo**   post office
el **correo aéreo**   airmail
el **correo aéreo certificado**   certified mail
el **correo ordinario**   regular mail
el **dependiente**   clerk
el **destinatario**   addressee
la **dirección**   address
la **Entrega Inmediata**   Special Delivery
el **formulario**   form
el **franqueo**   postage
el **giro postal**   postal money order
la **hoja de sellos**   block of stamps
la **Lista de Entrega**   General Delivery
el **paquete**   parcel
el **porte**   postage
el **remitente**   sender
el **sello**   stamp
las **señas**   address
el **Servicio Filatélico**   Philatelic Service
el **sobre**   envelope
la **tarjeta postal**   postcard
la **Venta de Sellos**   Stamp Sales

[handwritten: Cuadras: blocks]
[handwritten: Manzana: 4 sided block (area)]

VERBOS

comprar   to buy
echar   to mail
enviar   to send
llenar   to fill out
llevar   to take
mandar   to send
quedar   to be located
valer   to cost; to be worth

ADJETIVO

claro(a)   legible

MODISMOS Y EXPRESIONES ÚTILES

al extranjero   abroad
¿cómo te fue?   how did it go?
¿cuánto se tarda en . . .?   how long does it take to . . .?
¡divinamente!   great!
¡el siguiente!   next!
eso sí   one thing, though
frente por frente   right across
¿me ayudas?   can you help me?
¿qué debo hacer?   what do I need to do?
servir de algo   to find it worthwhile
tanto . . . como   as well as
¿y a ti?   and what about you?

△▽△▽△▽△▽△▽△▽△▽△▽△▽△▽△▽△▽△▽△▽△▽△▽△▽

[handwritten: esquina corners]
[handwritten: analfabeto = illiterate]
[handwritten: hacer trámites]
[handwritten: tramitar to put in the process]

[handwritten: caligrafía = handwriting]

△▽△ III.   Práctica del vocabulario

A. Complete las frases con la forma correcta de los siguientes vocablos:

destinatario	estanco	remitente	correo aéreo
sobre	paquete	giro postal	mandar
tarjeta postal	valer	hoja	buzón

1. Eché la carta en un .... que está cerca del hotel.
2. Cuando estuve en Europa le envíe muchas .... a mi amigo.
3. Esta carta llegó pronto porque la enviaron por ....
4. Mi esposa quiere que yo .... esta carta hoy.
5. Compré dos .... de sellos en el correo.
6. ¿Cuánto .... esos sellos?
7. Como necesitaba dinero, mi padre me envió un .... de mil dólares.
8. No compré los sellos en el correo, sino en un ....
9. Ella llenó los .... blancos en el correo.
10. Luis envió esta carta, por lo tanto, él es el ....

B. Substituya las palabras en cursiva con el sinónimo apropiado de la siguiente lista, haciendo cambios cuando sean necesarios:

mandar   por avión
valer   porte
dirección

1. Ayer le *envié* una carta a José.
2. Necesito enviar esta carta por *correo aéreo*.
3. El *franqueo* del paquete me costó cien pesetas.
4. ¿Cuáles son tus *señas*?
5. Los sellos *cuestan* veinte pesetas.

C. Complete las siguientes oraciones con la expresión apropiada que aparece en la siguiente lista:

a. ¡divinamente!
b. ¿qué debo hacer?
c. eso sí
d. ¡el siguiente!
e. frente por frente
f. ¿me ayudas?

1. Este paquete pesa mucho. ....
2. Mi casa está .... a ese restaurante.
3. Señorita, quiero enviar esta carta al extranjero. ....
4. Me fue .... en mi viaje.
5. Quiero ir a un restaurante .... , tiene que ser español.

△▽△ IV.   Preguntas personales

1. Cuando viaja Ud., ¿les envía tarjetas postales a sus familiares o amigos? Explique.
2. ¿Le gustaría a Ud. tener una colección de sellos?
3. ¿Qué es un giro postal? Explique.
4. ¿Por qué es importante indicar el remitente en el sobre?
5. Generalmente, ¿qué información aparece en el sobre?
6. ¿Cuál es el número del código postal donde vive Ud.?
7. ¿Le gustaría a Ud. trabajar en el correo? ¿Por qué sí o por qué no?
8. ¿Cree Ud. que el correo en los Estados Unidos es eficiente o no? Explique.

△▽△ V.   Descripción del dibujo

1. ¿Qué está comprando el señor que está en la ventanilla del medio?
2. Explique Ud. por qué está triste la señorita en la ventanilla de la caja postal.
3. ¿Cuántos buzones ve Ud. en este dibujo?
4. Describa Ud. lo que está haciendo el chico.
5. ¿Que está haciendo el señor que está a la mesa?

△▽△ VI. Actividades

A. Imagínese Ud. que está de viaje y escríbale varias tarjetas postales en español a sus amigos o familiares. Léalas en clase.

B. La clase se convertirá en oficina de correos. Varios alumnos serán los dependientes y otros serán ciudadanos que están allí. Ejemplos: dos quieren comprar sellos; otros quieren enviar paquetes pero hay una cola muy grande; otra persona está furiosa porque no le ha llegado su paquete.

△▽△ VII. Escribamos o conversemos

Imagínese que usted está de vacaciones y escriba una carta a un amigo o a una amiga, o mándeles una grabación a sus padres acerca de sus vacaciones. El siguiente modelo lo ayudará en la tarea.

Título: Mis vacaciones en...

I. *Introducción*
   Lugar donde está.
   Fecha de la carta o de la grabación.
   Salutación.

II. *Desarrollo*
   ¿Cómo es el lugar?
   ¿Qué ha hecho?
   ¿Qué tal le va? ¿Cómo es la gente?
   ¿Dónde se hospeda? ¿Cuesta caro todo?
   ¿Qué planes tiene?

III. *Conclusión*
   Concluya la carta o la grabación con la despedida apropiada.

7

Hablando por teléfono y pidiendo direcciones

OBJECTIVES

SITUATION: Elena calls her parents in the United States, and Miguel calls his friend Ignacio in Madrid.

VOCABULARY: You will learn words and expressions necessary for making a phone call and for giving directions.

NOTES OF INTEREST: A description of public telephones in Spain and how to use them will be given. Also, relevant expressions will be discussed, according to their usage in various countries.

ACTIVITIES: You will learn how to ask for and give directions in Spanish.

Conversación

MIGUEL	—Elena, mientras haces la llamada a **Miami, yo llamaré** a mi amigo Ignacio Prieto, que vive aquí.
ELENA	—No te tardes mucho.

(Elena entra en la cabina telefónica, levanta el auricular, marca el cero y espera unos segundos a que conteste la operadora.)

OPERADORA	—Dígame.
ELENA	—Operadora, quisiera hacer una llamada de **larga distancia** a los Estados Unidos.
OPERADORA	—¿Qué clase de llamada desea? ¿Persona a **persona o** llamada común?
ELENA	—Quiero una llamada de persona a persona con **el señor** Luis Bonilla. Por favor que sea de cobro revertido.
OPERADORA	—Bien, necisito el prefijo, el número de **teléfono y su** nombre.

PARADOR NACIONAL DE TURISMO   TELEFONO (911) 41 50 90

S E G O V I A

SERVICIO TELEFONICO

Para conectar con CENTRALITA marque el n.º 9

Si desea efectuar llamadas con teléfonos automáticos, nacionales o internacionales, marque el n.º 0, y espere tono de llamada.

Para llamadas con teléfonos no automáticos, por favor, solicítelo en centralita.

Puede hablar directamente con cualquiera de las habitaciones del Parador, para ello marque el número de extensión que le corresponde y que detallamos a continuación:

Habit.	Teléf.	Habit.	Teléf.	Habit.	Teléf.	Habit.	Teléf.	Habit.	Teléf.
101	230	201	206	301	249	401	270	501	295
102	231	202	207	302	250	402	271	502	296
103	232	203	208	303	251	403	272	503	297
104	233	204	209	304	252	404	273	504	298
105	234	205	210	305	253	405	274	505	299
106	235	206	211	306	254	406	275	506	300

(Después de sonar el timbre, Luis Bonilla contesta el teléfono.)

LUIS	—Oigo.
OPERADORA	—Con el señor Luis Bonilla, por favor.
LUIS	—Soy yo.
OPERADORA	—Tiene una llamada de larga distancia de **parte de Elena** Rivera, ¿acepta el cobro?
LUIS	—Sí, señorita.

OPERADORA	—Adelante.
ELENA	—Papá, soy Elena. ¿Cómo estás? ¿Y mamá y los niños?
LUIS	—Todos estamos bien. Acabamos de desayun**arnos, y es** un día de sol y fresco.
ELENA	—¿Puedo hablar con mamá y los niños?
LUIS	—No, hija, todos salieron a dar un paseo.
ELENA	—Bueno, me alegro que estén bien. Envié **varias cartas** el viernes. Verás que nos divertimos muchísimo en España. ¡Hay tanto que aprender! Pues, no quiero costarte demasiado. Ya tengo que colgar. ¡Abrazos y **hasta luego!**
LUIS	—¡Feliz viaje, hija mía! Adiós, y gracias por llamar.

△▽△ I. ¿Recuerda Ud.?

1. ¿Quién es Ignacio Prieto?
2. ¿De dónde llamó Elena?
3. ¿Qué hizo Elena para llamar a la operadora?
4. ¿Qué clase de llamada desea Elena?
5. ¿Qué necesita la operadora para hacer la llamada?
6. ¿Cómo se llama el padre de Elena?
7. ¿Por qué no pudo Elena hablar con los niños?

(Mientras Elena habla con su padre, Miguel busca el número de Ignacio en la guía telefónica. Al no poder encontrarlo, llama a información y le dan el número, pero la línea está ocupada. Espera unos segundos y marca de nuevo el número.)

VOZ	—Diga.
MIGUEL	—¿Es la casa del señor Ignacio Prieto Vázquez?
VOZ	—Sí, señor.
MIGUEL	—¿Puedo hablar con él?
VOZ	—Un momento, por favor.
IGNACIO	—Diga.
MIGUEL	—¿Quién habla? ¡Ignacio!
IGNACIO	—Sí, ¿quién es?
MIGUEL	—Te habla Miguel Rivera.
IGNACIO	—¿Dónde estás?
MIGUEL	—Estoy aquí en La Gran Vía° con mi señora.
IGNACIO	—¿Cómo no me avisaste° que venías?
MIGUEL	—Porque no quería molestarte.
IGNACIO	—¿Molestias? De ninguna manera. Tengo muchas ganas de verte. ¿Tenéis algo que hacer mañana por la noche?
MIGUEL	—No, nada.
IGNACIO	—Pues, venid° a cenar a casa.
MIGUEL	—Pero Ignacio...
IGNACIO	—¡Hala! Os espero mañana a las nueve y media. ¿Vale?
MIGUEL	—Dame direcciones para llegar a tu casa.
IGNACIO	—Toma la línea amarilla del metro en la estación Sol y bájate en la cuarta estación que es Argüelles. Después buscas la salida a la derecha que diga «A Guzmán el Bueno.»
MIGUEL	—Espera, Ignacio, que tengo que echar otra moneda.

Madrid's most important street
let me know
come (imperative)

(Después de oír caer la moneda.)

IGNACIO	—A la salida sigue por la calle Princesa y en la esquina doblas a la izquierda. Ésa es la Calle Guzmán el Bueno y a una cuadra de allí vivo yo, en Guzmán el Bueno 113.
MIGUEL	—¿Algo más?
IGNACIO	—No, os esperamos.
MIGUEL	—Hasta luego.
IGNACIO	—Bien, vale.

(Después de llamar, Miguel se encuentra con Elena.)

MIGUEL   —¿Qué tal tu llamada?

ELENA   —Todo bien y todos están bien.

MIGUEL   —Me alegro mucho. Mañana por la noche iremos a cenar en casa de Ignacio, pero ahora vamos a ver el Museo del Prado.°   Madrid's famous art museum

ELENA   —Sí ¿pero cuándo iremos de compras?

MIGUEL   —Ya veremos.

△▽△ II. ¿Recuerda Ud.?

1. ¿Cómo pudo encontrar Miguel el número de Ignacio?
2. ¿Por qué no le avisó Miguel a Ignacio que venía a España?
3. ¿Adónde quiere Ignacio que vayan Miguel y Elena?
4. ¿Cuál es la línea del metro que tiene que tomar Miguel?
5. ¿Dónde tiene que bajarse Miguel? ¿Por qué?
6. ¿Cuál es la dirección de Ignacio? Explíquela bien.
7. Según las direcciones que dio Ignacio, ¿es fácil llegar a su casa? Explique.
8. ¿Qué harán Miguel y Elena en casa de Ignacio?

Notas de interés

Public telephones in Spain operate with a five, twenty-five or fifty **peseta** coin. Normally a three-minute local call costs five **pesetas.** Operating instructions in several languages are usually posted in the telephone booth, along with the area codes for long distance and international calls.

There are many ways to say hello when answering the telephone in Spanish-speaking countries. Most Spanish speakers use **Aló;** in the Caribbean one says **Oigo;** in Mexico **Bueno;** in Spain **Diga** or **Dígame;** in Colombia **A ver** and in Argentina and Uruguay **Hola.**

To say good-bye, one may say **Adiós, Hasta luego, Hasta pronto** and even **Chao** (**Chau** in Argentina), which comes from the Italian **Ciao.**

Vosotros(-as) is commonly used among Spaniards as the plural of the familiar **tú.** In Spanish America **ustedes (Uds.)** is used as the plural of both **tú** and **usted,** but in Spain **ustedes** is generally used for the polite form only. **Vosotros** is not commonly used in Spanish America, although the use of **vos** to address one person is especially common in Argentina and Uruguay.

To give an address in Spanish, one says the street name first and then the house number. For example, **Guzmán el Bueno 113.**

Hala and **vale** are two very common expressions in Spain. They have a variety of meanings, but **hala** is often used to mean *Come on!,* while **vale** is often used to mean *okay* or *fine.*

RADIOTELEFONO TAXI

SOCIEDAD COOPERATIVA   COOPERATIVE SOCIETY

247 82 00
247 85 00
247 86 00

Vocabulario Práctico

NOMBRES

el **auricular**   receiver
la **cabina telefónica**   phone booth
el **cobro**   charge
la **cuadra**   block *(street)*
la **esquina**   corner
la **guía telefónica**   telephone directory
la **información**   directory assistance
la **llamada común**   station-to-station call
la **llamada de cobro revertido**   collect
   call
la **llamada de larga distancia**   long
   distance call
el **metro**   subway
la **moneda**   coin
el **prefijo**   area code
el **timbre**   bell

VERBOS

buscar   to look for
colgar   to hang up *(the receiver)*
doblar   to turn
levantar   to pick up *(the receiver)*
marcar   to dial
sonar   to ring

MODISMOS Y EXPRESIONES ÚTILES

adelante   go ahead
¿ahora qué hacemos?   now what do we
   do?
a la derecha   to the right
a la izquierda   to the left
de ninguna manera   no way
de parte de   from
me alegro   I'm very happy
no quería molestarte   I didn't want to
   bother you
ya veremos   we'll see

△▽△ **III.   Práctica del vocabulario**

A. Ponga la forma correcta de los siguientes vocabulos:

doblar	**guía**	**marcar**	**colgar**
sonar	**cuadra**	**llamada**	**moneda**
auricular	**esquina**	**prefijo**	**metro**

1. El teléfono .... constantemente pero nadie lo contestaba.
2. Busqué su número en la .... telefónica.
3. Mi .... es el trescientos tres.
4. Su casa está en la .... de esa calle.
5. Al entrar en la cabina, levanté el ....
6. Quiero hacer una .... de larga distancia.
7. Perdón, señor, ... mal el número.
8. Estoy muy cansado porque caminé doce ....
9. No hice la llamada porque no tenía bastantes ....
10. Si no te gusta, puedes ....

B. Conteste en español las siguientes preguntas:

1. ¿Qué es una llamada de cobro revertido? Explique.
2. ¿Para qué sirve una guía telefónica? Dé varias razones.
3. ¿Cómo sabe Ud. que un teléfono está ocupado?
4. ¿Cuál es el propósito del prefijo? Explique bien.
5. ¿Qué es una llamada común? Explique.

C. Escriba una frase original usando las siguientes palabras o expresiones:

1. a la derecha
2. ¡Hala!
3. ¡Vale!
4. de parte de
5. de ninguna manera

△▽△ **IV.   Preguntas personales**

1. ¿Le gusta a Ud. hablar por teléfono? ¿Sí o no? ¿Por qué?
2. ¿Quién es la persona que Ud. más llama por teléfono?
3. ¿Qué hace Ud. si el número de teléfono que busca no aparece en la guía telefónica?
4. ¿Qué hace Ud. cuando su teléfono no funciona bien?
5. ¿Cree Ud. que las compañías telefónicas explotan al consumidor? Explique su respuesta bien.
6. ¿Qué sería del mundo si no hubiera teléfonos? Explique.
7. ¿Qué hace Ud. cuando alguien llama a su casa y ha marcado un número que no es el suyo?
8. ¿Cómo reacciona Ud. cuando alguien le llama por teléfono para venderle algo?

△▽△ V. Actividades

A. Fíjese Ud. en el Plano del Metro de Madrid. Ud. se encuentra en la estación de Portazgo (línea 1) y quiere llegar a la estación de Esperanza (línea 4). Explique la forma más fácil de llegar.

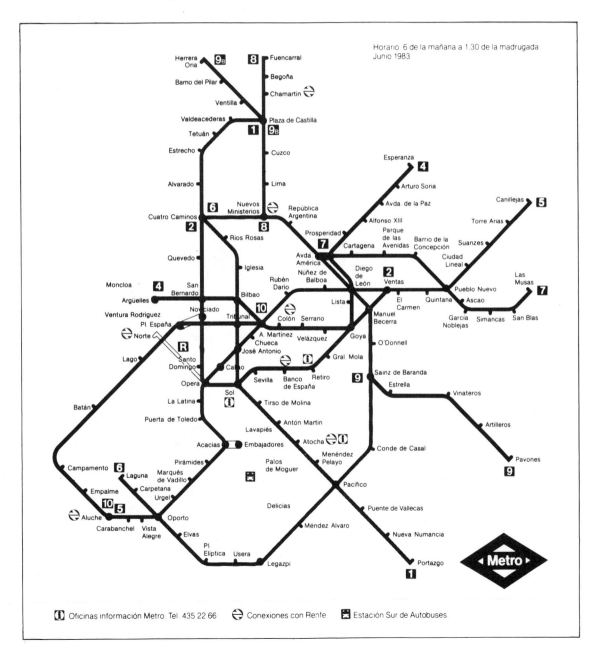

B. Fíjese Ud. bien en el mapa e imagínese ser un madrileño que está en la Plaza de
España y se encuentra con un grupo de turistas. Varios de ellos le piden cómo llegar
a la Calle Duque de Alba y otros quieren saber la forma más fácil de llegar al Jardín
Botánico. Ud. tratará de ayudarlos.

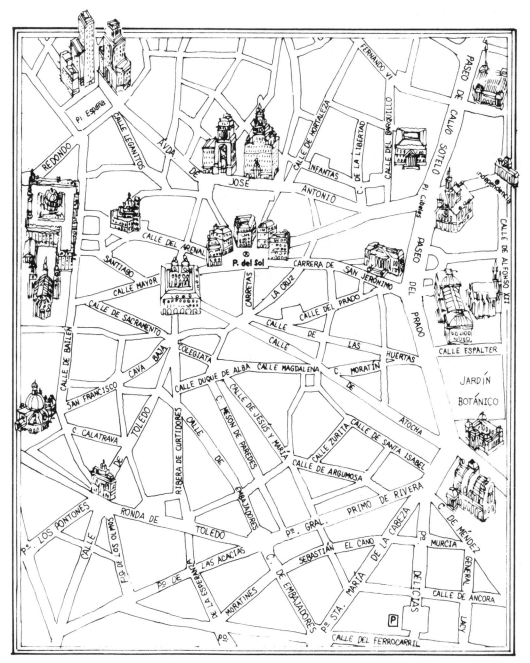

 **VI.   Descripción de la foto**

1. ¿Cuántas cabinas se ven en esta foto?
2. Explique Ud. por qué una de las cabinas es apropiada para una persona con una incapacidad física.
3. ¿A quién cree Ud. que acaban de llamar las dos chicas? Explique por qué.
4. Describa Ud. en detalle el área donde se encuentran las cabinas.
5. Invente Ud. una breve conversación entre el señor con la chaquete y otra persona.

△▽△ VII.   Escribamos o conversemos?

Dé un breve informe o escriba una composición sobre el teléfono. El siguiente modelo lo ayudará en la tarea.

Título: El teléfono

   I. *Introducción*
     La importancia de tener teléfono.

  II. *Desarrollo*
     1. ¿Cuáles son las ventajas de tener teléfono?
     2. ¿Cuáles son las desventajas?
     3. ¿Ahorra trabajo o hace perder tiempo?
     4. ¿Es un lujo o una necesidad?

 III. *Conclusión*
     Defina Ud. sus ideas personales sobre el teléfono.

De compras

OBJECTIVES

SITUATION: The Riveras shop for clothes in a department store in Madrid.

VOCABULARY: You will learn words and idioms that are useful when shopping.

NOTES OF INTEREST: By the end of this lesson you will be familiar with some of the products that are characteristic of Spain. You will also know something about Spanish stores and Madrid's famous flea market **El Rastro.**

ACTIVITIES: By participating in the activities for this chapter, you will be able to shop for clothes in a Spanish-speaking country and choose the right sizes.

Conversación

MIGUEL   —¡Cómo odio ir de compras!

ELENA   —Hablando de compras, hay buenos lugares para ir de compras que no están lejos de aquí. ¿Por qué no vamos ahora que están a punto de abrir?

MIGUEL   —¿Por qué no esperamos hasta el domingo? Así podremos ir a comprar al Rastro.

ELENA   —¿Cómo? ¿Estás loco?

MIGUEL   —No, allí se consiguen buenas gangas, especialmente si uno regatea.

ELENA   —Yo no vine a Madrid a comprar a ese lugar.

MIGUEL   —¿Adónde quieres ir? ¿A un almacén o a una tienda? Aquí en Madrid hay almacenes como El Corte Inglés y Galerías Preciados, con cerca de doscientos departamentos cada uno.

ELENA   —Sí, pero es que prefiero ir a una tienda, porque ahí se especializan en lo que uno quiere comprar.

MIGUEL   —Sí, pero las tiendas son más caras y cierran a la hora del almuerzo.

ELENA   —Sí, pero...

MIGUEL   —Si seguimos discutiendo nunca saldremos de aquí.

ELENA   —Está bien, iremos al Corte Inglés.

I.   ¿Recuerda Ud.?

1. ¿Adónde quiere ir de compras Miguel?
2. ¿Por qué quiere ir a ese lugar? Explique.
3. ¿Qué son El Corte Inglés y Galerías Preciados?
4. ¿Por qué prefiere ir a una tienda Elena?
5. Según Miguel, ¿cuáles son las ventajas de comprar en un almacén?

BIENVENIDO
al establecimiento más moderno de España.
Intérpretes en todos los idiomas.
Precios marcados en todos los artículos.
CAMBIO DE MONEDA EXTRANJERA

(Al llegar al almacén Miguel y Elena se paran en frente de una vitrina.)

ELENA —Miguel, ¿no te gusta ese saco gris? Me parece que te hace juego con esa camisa azul y aquel pantalón negro.

MIGUEL —Prefiero un traje a la medida, hecho por un sastre español.

ELENA —¡Mira ese vestido de terciopelo! ¡Qué lindo está!

MIGUEL —¿Cuál? ¿El rojo que está al lado de la blusa verde de mangas largas y la falda morada?

ELENA —Sí, ése mismo. Está de moda.

MIGUEL —No le veo el precio en la etiqueta, pero debe costar una barbaridad.

ELENA —Entremos.

△▽△ II. ¿Recuerda Ud.?

1. ¿Qué vieron Miguel y Elena en la vitrina del almacén?
2. ¿Qué le dijo Elena a Miguel acerca del saco gris?
3. ¿Qué prefiere Miguel? ¿Por qué?
4. ¿Qué había al lado del vestido?
5. ¿Qué dijeron Miguel y Elena acerca del vestido?

(Elena se dirige al departamento de señoras y Miguel al de caballeros.)

ELENA —Señorita, ¿cuánto vale ese vestido de terciopelo que está en la vitrina?

DEPENDIENTA —Está en rebaja. Vale diez mil quinientas pesetas.

ELENA —¿Puedo probármelo?

DEPENDIENTA —Sí, el probador está cerca de aquellos espejos que ve.

ELENA —*(Unos momentas más tarde, despues de probarse el vestido)* Me queda un poco ancho y largo pero me lo llevo.

DEPENDIENTA —¿Algo más?

ELENA —Sí, ¿cuál es la talla de ese suéter blanco?

DEPENDIENTA	—Es la treinta y seis.
ELENA	—¿No lo tiene en amarillo?
DEPENDIENTA	—No señora, como está en liquidación sólo lo tenemos en blanco y en marrón.
ELENA	—No importa, démelo. Ahora le echaré un vistazo a la ropa interior.
DEPENDIENTA	—Todas las bragas, fajas y sostenes también están en liquidación.
ELENA	—Gracias.

△▽△ III.   ¿Recuerda Ud.?

1. ¿Adónde fueron Miguel y Elena al entrar en el almacén?
2. ¿Cuánto costaba el vestido de terciopelo? ¿En dólares?
3. ¿De qué color era el suéter que quería comprar Elena?
4. ¿Por qué tuvo que comprar el suéter blanco?
5. ¿Qué le dijo la dependienta a Elena acerca de la ropa interior?

(Más tarde)

ELENA —¿Qué compraste?

MIGUEL —Me compré un par de zapatos, dos calzoncillos de algodón, un par de calcetines de lana, una corbata de seda y un par de guantes.

ELENA —¿No te compraste una billetera y un cinturón?

MIGUEL —No.

ELENA —Debías de haberlo hecho porque los que tienes están viejos.

MIGUEL —Sí, también quería comprarme un abrigo de cuero, pero me quedaba muy estrecho y muy corto.

ELENA —Es una lástima que uno no tenga una cuenta abierta en este lugar. Hay ropa tan barata.

MIGUEL —Y tú, ¿qué compraste?

ELENA —El vestido, un camisón, una cartera de piel, un suéter y un sombrero.

MIGUEL —¿Qué hay dentro del paquete?

ELENA —Hay pasta de dientes, crema de afeitar, navajitas, jabón, colonia y maquillaje.

MIGUEL —¿Por qué no fuiste a una farmacia?

ELENA —Porque todos estos artículos estaban en venta.

MIGUEL —Bueno, ¿nos vamos?

ELENA —Sí, porque si seguimos comprando se nos acabará el dinero.

△▽△ IV. ¿Recuerda Ud.?

1. ¿Qué compró Miguel? Explíquelo bien.
2. ¿Por qué no se pudo comprar Miguel el abrigo de cuero?
3. ¿Qué quería Elena que se comprara Miguel? ¿Por qué?
4. ¿Qué había dentro del paquete? Explique.
5. ¿Por qué Elena no compró los artículos en una farmacia?

Notas de interés

El Rastro is Madrid's famous flea market; almost anything can be bought there, and bargaining is half the fun. One should be an expert in haggling (**regatear**) before going to **El Rastro.**

Retail stores in Spain are internationally acclaimed for their elegant goods. Among Spanish products known for their quality are jewelry, ceramics, laces, leather goods, wool suits, and linens.

Spanish stores open at around nine in the morning and most of them, except the large department stores, are closed from two to five in the afternoon, to allow employees to go home for lunch and a siesta. Stores reopen at five and are open until eight in the evening.

In Spain custom-made goods such as clothing and shoes are more easily available to the average consumer than in the United States, because hand labor is cheaper.

Many Spanish stores specialize in just one kind of goods or services. The names of these stores often end in **-ía.** Here is a list of some of them:

bisutería   linen shop
carpintería   carpenter's shop
dulcería   confectioner's shop
ferretería   hardware store
joyería   jewelry store
lavandería   laundry

lechería   dairy store
librería   bookstore
licorería   liquor store
mantequería   dairy
mueblería   furniture store
peletería   fur shop
peluquería   beauty parlor
pescadería   fish market
plomería   plumber's shop
quesería   cheese store
relojería   watchmaker's shop
ropería   clothing store
sastrería   tailorshop
sombrerería   hat store
tintorería   dry cleaning shop

Different Spanish-speaking countries use different words for *show window.* In Spain one says **escaparate,** in most other Spanish-speaking countries **vitrina** and in Cuba **vidriera.**

Vocabulario Práctico

NOMBRES

el **abrigo**   overcoat
el **algodón**   cotton
el **almacén**   department store
la **billetera**   billfold
las **bragas**   women's underwear
los **calcetines**   socks
los **calzoncillos**   men's underwear
la **camisa**   shirt
el **camisón**   nightgown
la **cartera**   handbag
el **cinturón**   belt
la **colonia**   perfume
la **corbata**   necktie
la **crema de afeitar**   shaving cream
la **cuenta abierta**   charge account
el **cuero**   leather
el (la) **dependiente(a)**   store clerk
el **espejo**   mirror
la **etiqueta**   tag
la **faja**   girdle
la **falda**   skirt
los **guantes**   gloves
el **jabón**   soap
la **lana**   wool
las **mangas largas**   long sleeves
el **maquillaje**   make-up
las **medias**   stockings
las **navajitas**   razor blades
el **pantalón**   trousers
el **par**   pair
la **pasta de dientes**   tooth paste
la **piel**   leather, fur
el **probador**   fitting room
la **ropa interior**   lingerie
el **saco**   coat, jacket
el **sastre**   tailor
la **seda**   silk
el **sombrero**   hat
el **sostén**   brassiere

la **talla**   size
el **terciopelo**   velvet
la **tienda**   store
el **traje**   suit
el **vestido**   dress
los **zapatos**   shoes

VERBOS

pararse   to stop
probarse   to try on

ADJETIVOS

ancho(a)   loose-fitting (*clothes*)
corto(a)   short
estrecho(a)   tight-fitting (*clothes*)
largo(a)   long
lindo(a)   beautiful, pretty

MODISMOS Y EXPRESIONES ÚTILES

a la medida   tailor-made
a punto de   about to; on the verge of
cómo odio   how I hate
costar una barbaridad   to cost a fortune
debías haberlo hecho   you should have
   done it
echar un vistazo
en liquidación   on sale
en rebaja   on sale
en venta   on sale
estar de moda   to be in style
estar loco   to be crazy
hablando de   speaking of
hacer juego con   to match (*clothing*)
llevárselo   to take it
me parece que   it seems to me
quedarle bien   to fit well
acabarse el dinero   to run out
   of money

△▽△ **V. Práctica del vocabulario**

A. Escoja Ud. el vocabulo apropiado, haciendo cambios cuando sean necesarios:

vitrina	sastre	cinturón	abrigo
bisutería	par	lana	sostén
talla	regatear	ancho	manga

1. ¡Qué bonita es esa blusa de .... largas!
2. Vimos el traje en la .... del almacén.
3. Me gusta mucho ese pantalón de ....
4. En El Rastro uno tiene que ....
5. Compré dos .... de calcetines azules.
6. Cuando hace frío me pongo un ....
7. Ese .... de cuero vale mil pesetas.
8. El .... hizo ese traje que tanto me gusta.
9. Mi .... es la treinta y dos.
10. Esa camisa no me queda bien porque es muy ....

B. En cada uno de los siguientes grupos elimine la palabra que no se relacione con las otras:

1. calzoncillos	bragas	sostén	zapatos
2. crema de afeitar	navajitas	jabón	cartera
3. camisa	camisón	pantalón	corbata
4. escaparate	seda	lana	algodón
5. falda	blusa	calcetines	vestido

C. Complete las siguientes oraciones con la expresión apropiada de esta lista, haciendo cambios cuando sean necesarios:

a punto de	hablando de	estar loco
echar un vistazo	hacer juego	estar de moda

1. Ayer le .... al traje azul.
2. Las blusas moradas ....
3. .... Carlos, ¿dónde vive él?
4. Esa camisa no .... con esa corbata.
5. La clase está .... comenzar.

△▽△ VI. Preguntas personales

1. ¿Se viste Ud. sencillo o elegante? Explique.
2. Antes de comprar su ropa, ¿consulta Ud. con alguien? ¿Por qué sí o por qué no?
3. ¿En cuáles ocasiones usa Ud. un traje o un vestido?
4. Si Ud. tuviera bastante dinero, ¿qué clase de ropa le gustaría comprar?
5. ¿Prefiere Ud. comprar en una tienda o en un almacén? Explique.
6. ¿Cree Ud. que es buena idea probarse la ropa antes de comprarla? ¿Por qué?
7. ¿Cuáles son las ventajas y desventajas de tener una cuenta abierta en un almacén?
8. ¿Le gustaría trabajar como dependiente en una tienda o en un almacén? Explique.

△▽△ VII. Descripción de la foto

1. Nombre Ud. algunas de las cosas que se venden aquí (ver la foto en página 73).
2. Invente Ud. una conversación entre el señor y el joven a la izquierda.
3. ¿Cuál de los dos cree Ud. que es el vendedor? Explique por qué opina eso.
4. ¿Ve Ud. alguna cosa que le gustaría comprar? Diga por qué sí o por qué no.
5. ¿Ha visitado Ud. alguna vez un mercado de este tipo? Si lo ha hecho, explique si le gustó o no.

△▽△ VIII. Actividades

A. La clase se convertirá en un almacén y los estudiantes traerán ropa, carteles y otros artículos. Algunos estudiantes serán los clientes y otros los dependientes; otros serán los cajeros y uno será gerente. La clase tratará de poner en práctica lo que se ha aprendido en esta lección.

B. Complete el siguiente diálogo. Use la tabla de medidas que aparece en la siguiente página.

SEÑORA	—Buenos días, quiero un vestido de seda.
DEPENDIENTE	—..
SEÑORA	—Me gusta el rojo o el azul.
DEPENDIENTE	—..
SEÑORA	—Es la cuarenta y cuatro europea. ¿Cuál es aquí?
DEPENDIENTE	—..
SEÑORA	—Me queda ancho.
DEPENDIENTE	—..
SEÑORA	—No, no me lo llevo.
DEPENDIENTE	—..
SEÑORA	—Sí, me gustan esos zapatos negros.

DEPENDIENTE	—...
SEÑORA	—Es el 38 europeo. ¿Cuál es aquí?
DEPENDIENTE	—...
SEÑORA	—Me quedan muy bien.
DEPENDIENTE	—...
SEÑORA	—Muchas gracias.
DEPENDIENTE	—...

Women's Clothing Sizes

Dresses—Juniors

U.S.		9	11	13	15	17
Europe		34	36	38	40	42

Dresses—Misses

U.S.	10	12	14	16	18	20
Europe	36	38	40	42	44	46

Dresses—Women's

U.S.	36	38	40	42	44
Europe	42	44	46	48	50

Blouses and Sweaters

U.S.	32	34	36	38	40	42
Europe	40	42	44	46	48	50

Shoes

U.S.	4–4½	5–5½	6	7–7½
Europe	34/35	35/36	36/37	38
U.S.	8	9–9½	10–10½	11–11½
Europe	39	40/41	41/42	43

Men's Clothing Sizes

Suits and Coats

U.S.	36	38	40	42	44	46	48
Europe	46	48	50	52	54	56	58

Shirts

U.S.	13½	14	14½	15	15½	16	16½
Europe	34	36	37	28	39	40–41	42

Shoes

U.S.	6	6½	7–7½	8	8½	9–9½	10–10½	11
Europe	38	39	40	41	42	43	44	45

Sweaters

U.S.	S	M	L	XL
Europe	44	46-48	50	52-54

Hats

U.S.	6¾	6⅞	7	7⅛	7¼	7⅜	7½
Europe	54	55	56	57	58	59	60

Socks

U.S.	9½	10	10½	11	11½	12
Europe	38-39	39-40	40-41	41-42	42-43	43-44

Gloves: Same sizes in most countries

△▽△ **IX. Escribamos o conversemos**

Tenga Ud. en cuenta el siguiente plan y escriba una composición o haga un breve informe del tema que se le ofrece para dicho ejercicio.

Título: La moda de hoy

   I. *Introducción*
     Describa cómo la moda de hoy ha cambiado en la última década.

  II. *Desarrollo*
     La moda es un reflejo de la sociedad:
     A. Cuando uno se viste a la moda, ¿pierde su personalidad o la refleja?
     B. ¿Escojo yo mi ropa porque quiero seguir a los demás?

 III. *Conclusión*
     Dé su opinión a favor o en contra de la moda de hoy.

Hablando de deportes y de toros

OBJECTIVES

SITUATION: Miguel and Elena go to the Prieto's home to watch the soccer game and discuss sports.

VOCABULARY: You will study words and expressions related to sports, particularly the bullfight.

NOTES OF INTEREST: You will be introduced to the Basque game of **jai-alai** and to Spain's national spectacle, the bullfight, which is popular in Mexico and some South American countries as well.

ACTIVITIES: By the end of this lesson you will be ready to discuss sports in Spanish. Also, you will play a game called grammatical baseball.

Conversación

IGNACIO	—¡Cómo me hubiera gustado haber estado esta noche en el Bernabeau!°
MIGUEL	—Ignacio, ¿quién crees que ganará, El Real Madrid° o El Barcelona?°
IGNACIO	—No sé, pero me parece que vencerá El Real Madrid porque tiene un gran° entrenador y sus delanteros son muy rápidos.
LUCILA	—Sí, pero El Barcelona tiene muy buen° portero y sus anotadores no son malos ... Miguel, ¿cuáles son los deportes favoritos en los Estados Unidos?
MIGUEL	—Hay muchos, en realidad, como el béisbol, el tenis, el golf, el boxeo y por supuesto, el fútbol.
LUCILA	—No sabía que allá jugaban al fútbol.
ELENA	—Sí, pero el fútbol norteamericano es muy diferente del fútbol que se juega en España y en el resto del mundo.

Marginal glosses:
- Madrid's largest soccer stadium
- famous Spanish soccer rivals
- great
- good

IGNACIO —Una vez vi un partido de fútbol norteamericano por televisión y no me gustó nada. Tiene muchas reglas y me parece un deporte de animales.

MIGUEL —Es que hay que saber entenderlo. A mí me encanta.

ELENA —Y aquí en España, ¿qué otros deportes practican, además del fútbol?

IGNACIO —Aquí practicamos una gran variedad de deportes. Aunque el más popular es el fútbol, también nos gusta el baloncesto, el balonvolea, el jai-alai, el tenis y el esquí.

LUCILA —¿No han oído hablar de Manuel Santana y Manuel Orantes?

MIGUEL —¡Claro que sí! Son grandes estrellas del tenis. También he oído hablar de Severiano Ballesteros, el golfista.°   Masters Winner 1980 and 1983

ELENA —¿Cómo son los españoles en ciclismo, campo y pista, y natación?

LUCILA —Pues nos defendemos bastante bien. Hemos ganado unos cuantos campeonatos.

△▽△ I. ¿Recuerda Ud.?

1. ¿Quién cree Ignacio que ganará el partido y por qué?
2. ¿Dónde se jugó el partido que vieron ellos por televisión?
3. Según Ignacio, ¿cuál es el deporte más popular de los españoles?
4. ¿Por qué no le gusta el fútbol norteamericano a Ignacio?
5. ¿Quiénes son Manuel Santana, Manuel Orantes y Severiano Ballesteros?

(Después de comer unas tapas)

ELENA —¿Podrían explicarme algo de la corrida de toros? Dicen que es un deporte muy cruel.

IGNACIO —¡Tonterías! Eso dicen los que nada saben. La corrida, aunque no es un deporte en sí, es una muestra de valentía°   bravery
y coraje°.   courage

LUCILA —Ignacio, Elena quiere solamente una breve explicación y no tu opinión personal.

ELENA —¿Hay corridas todos los días?

IGNACIO —No, generalmente, las corridas de toros son los domingos por la tarde y tienen lugar en la plaza de toros.

MIGUEL —¿Cuántos toros y toreros hay en una corrida?

IGNACIO —Hay tres toreros y seis toros.

ELENA —¿Dirías que la corrida es un desafío individual?

IGNACIO —No del todo, porque un gran torero debe tener una buena cuadrilla.

ELENA —¿Qué es una cuadrilla?

IGNACIO —La cuadrilla se compone de un picador, los banderilleros y
           los peones.

MIGUEL —¿Qué hace el picador?

IGNACIO —El picador va montado° en un caballo y lleva una lanza, la   rides
           cual clava en el lomo° del toro para ablandarle° los mús-   back / to soften
           culos.

ELENA —¿Qué hacen los demás?

IGNACIO —Los banderilleros le ponen las banderillas en el morrillo° y   nape of neck
           así el toro pierde un poco de fuerza°. Y los peones son como   strength
           los asistentes del torero.

MIGUEL —¿Qué pasa cuando un torero no ha toreado bien?

IGNACIO —Los espectadores le abuchean y le insultan.

ELENA —¿Y si ha toreado bien?

IGNACIO —Recibe ovaciones y se le premia con la oreja° y el rabo° del   ear / tail
           toro.

MIGUEL —¿Ganan mucho los toreros?

IGNACIO —Ganan muchos aplausos y los grandes maestros° como El   masters
           Cordobés, Dominguín y Paco Camino han ganado una
           millonada. Sin embargo, ha habido grandes toreros como
           Manolete° que sufrieron cornadas mortales.   bullfighter gored to death in 1948

△▽△ II.   ¿Recuerda Ud.?

1. ¿Qué dice Ignacio acerca de las corridas de toros?
2. ¿Quiénes forman parte de la cuadrilla? Explique.
3. ¿Qué hace el picador? ¿Por qué? ¿Cuándo?
4. ¿Qué pasa cuando un torero ha toreado bien, o mal? Explique.
5. ¿Quiénes son El Cordobés, Dominguín y Paco Camino?

LUCILA   —*(Encendiendo el televisor.°)* Ya va a comenzar el partido.   turning on the TV

(Después de disfrutar° de noventa minutos de emoción, los Rivera y los   enjoying
Prieto comentan acerca del partido.)

IGNACIO   —¿Qué les pareció el partido?
MIGUEL   —Muy emocionante, y el comentarista era muy bueno, por
          cierto.
LUCILA   —¡Qué jugadores los de El Real! ¡Qué pases! ¡Qué goles!
ELENA   —Nunca pensé que El Barcelona perdería por esa anotación
          de cuatro por dos.
IGNACIO   —Así son los deportes.
MIGUEL   —Me parece que el árbitro estaba de parte de los madrileños.
LUCILA   —El pobre árbitro siempre carga con la culpa en todos los
          deportes.
IGNACIO   —Bueno, ganase quien ganase, hemos disfrutado de una
          noche estupenda.

△▽△ III.   ¿Recuerda Ud.?

1. ¿Cuánto duró el partido de fútbol por televisión?
2. ¿Quién ganó el partido?
3. ¿Cuál fue la anotación?
4. ¿Qué dijo Miguel tocante al árbitro?
5. Según Lucila, ¿quién carga con la culpa en todos los deportes?

Notas de interés

Jai-alai, an exciting game invented by the Basques of northern Spain, is played in almost all Hispanic countries and now in the United States. It is played on a court called a **frontón,** which has three walls and a screen to protect the spectators. A very hard ball is hit and builds up tremendous speed as it ricochets off the walls. It is caught with a curved basket called a **cesta. Jai-alai** is considered one of the fastest and most dangerous sports in the world. Most **frontones** feature lively betting as part of the action.

La corrida de toros, the bullfight, is the national spectacle of Spain and is also very important in other Spanish-speaking countries, such as Mexico, Peru, Ecuador, Colombia, and Venezuela. A bullfight is a twenty-minute drama in three acts, each signalled by a trumpet call. Although the **matador** is the star of the show, he doesn't actually encounter the bull alone until the third act. During the first two acts, the **cuadrilla** (crew) works to tire the bull so that he will be more manageable for the **matador.**

In the first act the **matador** studies the bull's reactions while the **peones** work on him with capes. Then, the **picador** rides into the ring and lances the bull.

In the second act, the most dangerous part, the **banderilleros** fix three **banderillas** (small darts) to each side of the bull's neck.

Finally, in the last act, the **matador** confronts the bull and uses the **muleta** (small red cape) to continue the process of weakening the bull. When the bull is nearly exhausted, the **matador** takes out his sword and tries to kill the bull with one thrust—taking more than one would infuriate the crowd.

Los sanfermines en números

	A.	T.E.	Or.	V.	Av.
MATADORES DE TOROS					
J. Antonio Campuzano .	2	4	1	1	0
Emilio Muñoz	2	4	1	1	0
Francisco Ruiz Miguel ..	3	4	1	1	0
Jorge Gutiérrez	2	4	1	1	0
José Luis Galloso	1	2	0	2	0
Tomás Campuzano	2	4	0	2	1
Roberto Domínguez	1	2	0	1	0
Manolo Cortés	1	2	0	0	0
Niño de la Capea	1	2	0	0	0
Espartaco	1	2	0	0	0
Pepín Jiménez	1	2	0	0	0
Morenito de Maracay	1	3	0	0	1
Víctor Mendes	1	3	0	0	0
Dámaso González	2	4	0	0	0
José M. Manzanares	2	4	0	0	0
J. L. Palomar	1	0	0	0	0
NOVILLEROS					
Morenito de Jaén	1	2	1	1	0
Fernando Galindo	1	2	0	0	0
Fermín Vioque	1	2	0	0	0

A.: Número de actuaciones.—T. E.: Toros estoqueados.—Or.: Orejas.—V.: Vueltas al ruedo.—Av.: Avisos.

Vocabulario Práctico

NOMBRES

la **anotación**   score
el **anotador**   scorer
el **árbitro**   referee
el **baloncesto**   basketball
el **balonvolea**   volleyball
el **béisbol**   baseball
el **boxeo**   boxing
el **campeonato**   championship
el **campo y pista**   track and field
el **ciclismo**   bicycling
el (la) **comentarista**   commentator
la **cornada**   goring
el **delantero**   forward
el **desafío**   challenge
el **entrenador**   coach, trainer
el **equipo**   team
el **esquí**   skiing
la **estrella**   star
el **fútbol**   soccer
el **fútbol norteamericano**   football
el **jugador**   player
la **natación**   swimming
el **partido**   game, match
la **plaza de toros**   arena, bullring
el **portero**   goalie
la **regla**   rule

VERBOS

abuchear   to boo; to hiss
clavar   to pierce
ganar   to win
perder   to lose
practicar   to practice, enjoy, play
premiar   to award

torear   to fight *(a bull)*
vencer   to win

ADJETIVOS

emocionante   exciting
estupendo(a)   wonderful, marvelous
rápido(a)   fast

MODISMOS Y EXPRESIONES ÚTILES

a mí me encanta   I love it
cargar con la culpa   to get blamed
¡claro que sí!   of course!
defenderse bastante bien   to hold one's own
en sí   per se
estar de parte de   to be in favor of
ganar una millonada   to earn a fortune
ganase quien ganase   never mind who won
hay que saber entenderlo   one must understand it
no del todo   not entirely
oir hablar de   to hear about
¡qué gol!   what a goal!
¡que jugadas!   what plays!
¿qué pasa... ?   what happens . . . ?
¡qué pases!   what passes!
¡tonterías!   nonsense!
un deporte de animales   a sport fit for animals
unos cuantos   a few

△▽△ IV. Práctica del vocabulario

A. Escoja el vocablo apropiado, haciendo cambios cuando sean necesarios:

emocionante	**banderilla**	**perder**	**regla**
jugador	**picador**	**vencer**	**comentarista**
equipo	**campeonato**	**estrella**	**entrenador**

1. Reggie Jackson es un .... de béisbol.
2. El Real Madrid es un .... de fútbol.
3. El toro tenía clavadas tres ....
4. Me abuchearon cuando .... el partido.
5. El partido estuvo muy ....
6. El Barcelona ganó el .... de la liga de fútbol.
7. Las .... de ese deporte son muy sencillas.
8. Howard Cosell es un .... deportivo.
9. Yo juego al tenis pero no soy una ....
10. El .... habló con sus jugadores y les dio instrucciones.

B. Arregle las palabras en una frase lógica, haciendo cambios cuando sean necesarios:

1. no / querer / practicar / deporte / Carlos / ese / que / ella
2. amigo / mi / ser / jugador / tenis / de / grande / un

3. delantero / ese / de / el / equipo / muy / ser / rápido
4. un / deber / tener / torero / buena / gran / cuadrilla / una
5. ayer / corrida / tener lugar / en / la / plaza de toros / una

C. Llene los espacios con las expresiones apropiadas que aparecen en la lista, haciendo cambios cuando sean necesarios:

| estar de parte | oír hablar de | ¡qué jugada! |
| ¡qué pases! | ¡tonterías! | ganar una millionada |

1. .... , la de ese delantero.
2. Los profesores no ....
3. .... , el futbol norteamericano no es un deporte de animales.
4. .... de Chris Evert Lloyd?
5. Yo .... de ese equipo.

FUTBOL

Estadio Santiago Bernabéu (Real Madrid). P.º Castellana, 30. Teléfono 2500600. Autobuses: 14, 27, 40, M-3 y M-6.

△▽△ **V. Preguntas personales**

1. ¿Cuál es su equipo favorito? ¿Por qué le gusta a Ud. ese equipo?
2. ¿Cuáles son los deportes populares en su universidad, y cómo son los equipos de esos deportes?
3. ¿Hay alguna estrella del deporte que le gusta a Ud.? ¿Quién es? ¿Por qué le gusta?
4. ¿Piensa Ud. que las mujeres deben participar en deportes como el béisbol y el fútbol norteamericano? Explique su respuesta.
5. ¿Opina Ud. que los árbitros son necesarios en los deportes? ¿Por qué sí o por qué no?
6. ¿Cree Ud. que los jugadores profesionales ganan mucho dinero o que no les pagan bien? Explique su opinión.
7. ¿Piensa Ud. que las corridas de toros es un espectáculo cruel? Cite sus razones.
8. ¿Le gustaría a Ud. ser una estrella del deporte? Diga por qué.

△▽△ **VI.   Descripción de la foto**

1. ¿Cuál es el deporte que están jugando en esta foto?
2. ¿Cuántos jugadores aparecen en la foto?
3. ¿Cree Ud. que estos jugadores son profesionales? Explique.
4. ¿Dónde están jugando estos jóvenes? Explíquelo bien.
5. ¿Hay un portero en esta foto? ¿Cómo sabe que sí o que no?

△▽△ **VII.   Actividades**

A. La clase jugará un partido de gramática donde se conjugarán verbos en español. Cada equipo tendrá tres oportunidads para batear *(bat)*. Cada respuesta correcta será un sencillo *(hit)* y cada respuesta incorrecta será un **out.** Los alumnos harán las preguntas y el profesor será el árbitro. El equipo que anote más carreras *(runs)* ganará.

B. Vamos a ver cuántas estrellas de la siguiente lista puede identificar Ud.

1. Muhammad Ali	6. Fernando Valenzuela
2. Pelé	7. Alberto Salazar
3. Martina Navratilova	8. El Cordobés
4. Jim Plunkett	9. Julius Erving
5. Nancy López	10. Guillermo Vilas

△▽△ VIII. Escribamos o conversemos

Escriba Ud. una composición o haga un informe sobre el tema que se le ofrece siguiendo las instrucciones indicadas.

Título: Mi deporte favorito es...

I. *Introducción*
   A. Breves comentarios de la popularidad de ese deporte.
   B. ¿Cuáles son sus reglas?
   C. ¿Es un deporte fácil o difícil de practicar?

II. *Desarrollo*
   A. Cómo me interesé en ese deporte.
   B. Por qué lo practico. Donde lo juego.

III. *Conclusión*
   Me gusta ese deporte porque...

El coche

OBJECTIVES

SITUATION: Elena and Miguel rent a car so that they can explore the Spanish countryside.

VOCABULARY: Your active vocabulary will be improved by the addition of words and expressions related to cars and their various parts.

NOTES OF INTEREST: The metric system is compared to the United States' system of weights and measures.

ACTIVITIES: After finishing this lesson, you will be able to talk about cars, to rent a car, and to have a car repaired.

Conversación

MIGUEL	—Elena, ¿por fin cómo haremos el recorrido?
ELENA	—Me parece que lo mejor sería hacerlo por carro.
MIGUEL	—Buena idea. Ahora vamos a una agencia de alquiler de carros.

(En la agencia.)

MIGUEL	—Buenos días, señorita, queremos alquilar un carro para hacer un recorrido por España. ¿Cuál sería la mejor manera?
SEÑORITA	—Si piensan usar el coche por más de una semana les recomiendo nuestro plan de kilometraje ilimitado.
ELENA	—¿Cómo son los precios?
SEÑORITA	—Todo depende de la marca y modelo del coche y el tiempo que desea usarlo.
ELENA	—¿Cuál es el carro más barato?

SEÑORITA —El más barato es un Seat Panda° de cuatro plazas que   Spanish Fiat
cuesta 3.000 pesetas por un mínimo de siete días, y el
más caro es un Mercedes 230-E que le sale en 82.000
pesetas a la semana.

MIGUEL —Ni hablar del Mercedes; nos quedamos con el Seat.

ELENA —¿Cuántas millas hace por galón?

SEÑORITA —El Seat es muy económico; hace unos 16 kilómetros por
litro.°   about 37 mi per gal

MIGUEL —¿Dónde se puede entregar el coche?

SEÑORITA —Nuestra compañía tiene agencias por casi toda España y
lo pueden entregar en cualquiera de ellas.

ELENA —¿Incluye seguro el alquiler?

SEÑORITA —No, señor, el cliente tiene que pagar por el seguro.

MIGUEL —En caso de averías, ¿quién paga?

SEÑORITA —Paga la compañía, pero debo decirle que nuestros coches
siempre están en perfectas condiciones.

MIGUEL —¿Y la gasolina?

SEÑORITA —La gasolina al igual que las multas de tráfico van a su
cargo.

MIGUEL —Bien, ¿qué tengo que hacer?

SEÑORITA —Favor de darme su carnet de conducir y llenar esta
planilla.

MIGUEL —¿Se puede pagar con tarjeta de crédito?

SEÑORITA —Sí, por supuesto. *(Mirando la planilla.)* Todo está en
orden. Pueden pasar a recoger el coche en el garaje. Buen
viaje.

△▽△ I.   ¿Recuerda Ud.?

1. ¿Cómo harán el recorrido los Rivera?
2. ¿Qué les recomienda la señorita a los Rivera?
3. ¿Cuál es el coche más barato? ¿Cuánto cuesta?
4. ¿Cuánto cuesta alquilar un Mercedes 230-E?
5. ¿Cuál de los coches escogió Miguel y por qué?
6. ¿Cómo sabe Ud. si el Seat es un coche económico?
7. ¿Dónde pueden entregar el coche los Rivera?
8. Según la señorita, ¿quién paga por las averías?
9. ¿Qué tuvo que hacer Miguel al alquilar el coche?
10. ¿Dónde recogieron el coche Miguel y Elena?

Red de Concesionarios Seat de Madrid.

Cuidamos de su coche. Cuidamos de usted.

(Miguel y Elena toman el coche y después de viajar muchos kilómetros se detienen en una estación de servicio al lado de la carretera.)

MIGUEL —*(Dirigiéndose al empleado.)* ¿A cómo está la gasolina especial?

EMPLEADO —Está a setenta pesetas el litro.

MIGUEL —Llénelo por favor.

ELENA —¿Por qué no usas gasolina regular que es más barata?

MIGUEL —Porque con la especial, el carro funciona mejor, y así ahorramos tiempo y dinero.

EMPLEADO —¿Le reviso el coche?

MIGUEL —Sí, por favor.

EMPLEADO —Todo está muy bien, señor.

MIGUEL —¿Cuánto le debo?

EMPLEADO —Son 1.950° pesetas.   1,950

MIGUEL —*(Dándole dos billetes de mil pesetas.)* Tome, y quédese con la vuelta.

EMPLEADO —Muchas gracias, señor, ¡Feliz viaje!

△▽△ **II. ¿Recuerda Ud.?**

1. ¿Dónde se detuvieron Miguel y Elena? ¿Por qué?
2. ¿Qué le preguntó Miguel al empleado?
3. Según Miguel, ¿cuál es la ventaja de usar gasolina especial?
4. ¿Cómo sabe Ud. que el coche que alquiló Miguel está en buenas condiciones?
5. ¿Cuánto le dio Miguel de propina al empleado?

Vocabulario Práctico

NOMBRES

la **agencia de alquiler**
  de carros   car rental agency
la **avería**   breakdown
el **carnet de conducir**   driver's license
la **carretera**   highway
la **estación de servicio**   gas station
el **kilometraje ilimitado**   unlimited mileage

la **marca**   brand, make
la **milla**   mile
el **modelo**   type, model
la **multa**   fine for a driving offense
la **planilla**   application
la **plaza**   seat
el **seguro**   insurance

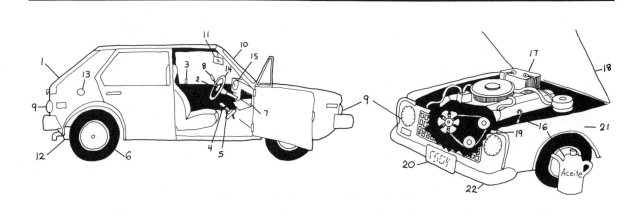

1. el **baúl**   trunk
2. la **bocina**   horn
3. la **cerradura**   lock
4. el **embrague**   clutch
5. los **frenos**   brakes
6. la **goma**   tire
7. la **guantera**   glove compartment
8. el **indicador**   turn signal
9. las **luces**   lights
10. el **parabrisas**   windshield
11. el **retrovisor**   rear view mirror
12. el **silenciador**   muffler
13. el **tanque**   gas tank
14. el **timón**   steering wheel
15. el **velocímetro**   speedometer
16. el **aceite**   oil
17. el **acumulador**   battery
18. el **capó**   hood
19. la **correa (la polea)**   fan belt
20. la **chapa (la matrícula)**   license plate
21. el **guardafango**   fender
22. el **parachoques**   bumper

VERBOS

alquilar   to rent
detenerse   to stop
entregar   to deliver, turn in
tomar   to pick up *(car)*

MODISMOS Y EXPRESIONES ÚTILES

a su cargo   at your own expense
al igual que   just as

cualquiera de ellas   any of them
¿cuánto le debo?   how much do I owe you?
¡feliz viaje!   have a pleasant trip!
¿le reviso el coche?   do you want me to
    check the oil?
llénelo   fill it up
ni hablar de   let's not even talk about
quedarse con la vuelta   to keep the change

△▽△▽△▽△▽△▽△▽△▽△▽△▽△▽△▽△▽△▽△▽△▽△▽△▽△▽△▽

△▽△   **III.   Práctica del vocabulario**

A. Escoja el vocablo apropiado, haciendo cambios cuando sean necesarios:

marca	avería	planilla	multa
seguro	detenerse	carnet	modelo
entregar	alquilar	carretera	plaza

1. Mi carro es de seis ....
2. Escribí mi nombre en la ....
3. El Mercedes es una .... de coche.
4. Él no quiere que yo .... ese coche porque es muy caro.
5. El coche viajaba por la ....
6. Ella perdió su .... de conducir.
7. Necesito comprar el .... para poder conducir.
8. Ella tuvo que pagar una .... porque tuvo un accidente.
9. El coche sufrió una .... en la carretera.
10. Como necesitábamos gasolina .... en una estación de servicio.

B. Seleccione la palabra más apropiada para completar el significado de la frase:

1. Cuando conduzco de noche, ... las luces del coche.
      enciendo   apago   aparco
2. Cuando hago un viaje siempre pongo las maletas dentro del .... del coche.
      asiento   capó   baúl
3. El motor de mi coche tiene doscientos ....
      parachoques   guardafangos   caballos de fuerza
4. Usé los .... para detener el coche.
      frenos   acumuladores   parabrisas
5. Los coches con transmisión automática no tienen ....
      velocímetro   silenciador   embrague
6. Puse el mapa dentro de la .... del coche.
      baúl   guantera   correa
7. Las .... de mi coche no funcionan bien.
      luces   frenos   chapas
8. Las .... de mi coche son negras.
      parabrisas   gomas   luces
9. Siempre miro por el .... para ver los carros que vienen detrás.
      acumulador   aceite   retrovisor
10. Cuando quiero doblar a la derecha pongo el ....
      guardafango   indicador   velocímetro

C. Escriba una oración original con cada una de las siguientes palabras o expresiones:

1. ni hablar de   4. al igual que
2. poncharse   5. aparcarse
3. a su cargo

Notas de interés

There are several words for car in Spanish. In Spain **coche** is used, but in other countries the word may be **carro, auto,** or **automóvil.** In the language of the streets or in garages, you might often hear **máquina.**

   Conducir means to drive in most Spanish-speaking countries, but the verbs **guiar** and **manejar** are also common. **Arrear** is popular in parts of the Southwestern United States.

   There are several words for money back from a coin or bill: **vuelta, vuelto, cambio, suelto,** and **feria.** There is even the word **menudo,** used for loose change in Cuba, but in Mexico and parts of the Southwestern United States it refers to a dish prepared with tripe and hominy.

   In Spain, as in most other countries, the metric system is the official system of weights and measures. One of the few countries where the metric system is not official is the United States. However, because the metric system, with units of ten, is more convenient, it is gradually being adopted in the United States.

Metric Equivalents									
1	2	3	4	5	6	7	8	9	10
Miles 0.62	1.24	1.86	2.49	3.11	3.73	4.35	4.97	5.59	6.21
Kilometers 1.61	3.22	4.83	6.44	8.05	9.66	11.27	12.87	14.48	16.09
1	2	3	4	5	6	7	8	9	10
Pounds 2.21	4.41	6.61	8.82	11.02	13.23	14.43	17.64	19.84	22.05
Kilograms 0.45	0.91	1.36	1.81	2.27	2.72	3.18	3.63	4.08	4.53
1	2	3	4	5	6	7	8	9	10
Gallons 0.22	0.44	0.66	0.88	1.10	1.32	1.54	1.76	1.98	2.20
Liters 3.78	7.56	11.34	15.12	18.90	22.68	26.46	30.24	34.02	37.80

△▽△ IV. Descripción de la foto

1. ¿Cuántos coches ve Ud. en la foto?
2. Describa Ud. cómo es que es cada coche.
3. Explique Ud. por qué los señores están de pie.
4. ¿Por qué habrá tantos coches haciendo cola?
5. Describa Ud. en detalle por qué esta foto no es en los Estados Unidos.

△▽△ V. Preguntas personales

1. ¿Le gusta a Ud. conducir? Explique su respuesta.
2. ¿Por qué es necesario tener un seguro para conducir?
3. ¿Cree Ud. que tener el límite de velocidad a 55 millas es una buena idea? Explique su opinión.
4. ¿Cuáles son las ventajas o desventajas de hacer un viaje en coche?
5. ¿Opina Ud. que los coches europeos son mejores que los coches norteamericanos? ¿Por qué sí o por qué no?
6. ¿Se ha quedado Ud. alguna vez sin gasolina? Si la respuesta es afirmativa, describa cómo pasó.
7. ¿Piensa Ud. que los Estados Unidos ha de usar el sistema métrico como medida oficial? Explique su respuesta.
8. ¿Le gustaría a Ud. trabajar en una agencia de alquiler de coches?

△▽△ VI. Actividades

A. Nombre Ud. las partes de este coche:

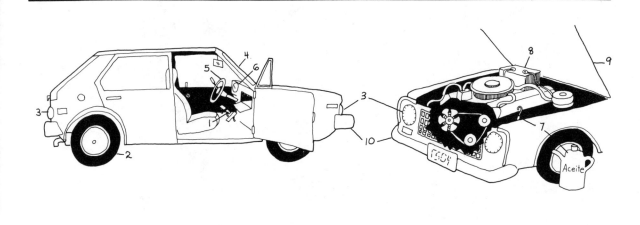

B. Invente Ud. con otro compañero de clase una conversación entre un vendedor de coches y un cliente, teniendo en cuanta las palabras aprendidas en esta lección.

△▽△ **VII. Escribamos o conversemos**

Escriba Ud. una composición o haga un informe. El siguiente modelo lo ayudará en la tarea.

Título: Cómo comprar un buen automóvil

I. *Introducción*

    A. Factores importantes
        1. La reputación de la agencia
        2. La reputación de la marca

II. *Desarrollo*

    A. Mis razones principales
        1. El precio del coche y el modelo
        2. La comodidad o la economía
        3. El mantenimiento y la garantía
        4. Las piezas de repuesto y el servicio mecánico

III. *Conclusión*

El saber comprar un buen automóvil es tan importante como tener el dinero para comprarlo.

De viaje por España

OBJECTIVES

SITUATION: Elena writes another letter to her sister, telling more about her travels throughout Spain.

VOCABULARY: You will learn words and phrases that are useful when traveling in Spain.

NOTES OF INTEREST: Some important Spanish landmarks are highlighted.

ACTIVITIES: This chapter will prepare you to discuss the geography of Spain and to recognize certain traffic signs.

Una Carta

Querida María Isabel:

Supongo que ya hayas recibido mi otra carta. Ahora más sobre nuestro viaje.

Alquilamos un coche en Madrid e° hicimos una gira por La Mancha, tomando la ruta de Don Quixote. Esta área es muy pintoresca y todavía se pueden ver los famosos molinos de viento.

y before an *i* -sound

Cuando terminamos nuestro recorrido por La Mancha, nos dirigimos hacia Valencia donde nos quedamos dos días. La región de Valencia es muy importante por su producción agrícola. Tuvimos la suerte de ver el famoso Tribunal de las Aguas y comimos una paella valenciana que estaba deliciosa.

Al terminar nuestra visita a Valencia, nos fuimos hacia el sur por la Costa Blanca. El paisaje de esta costa se caracteriza por sus viñas, olivares, almendrales, naranjales, y también por sus muchas palmeras.

Después de visitar la Costa Blanca pusimos rumbo hacia el interior, y fuimos a visitar la región de Andalucía con sus famosas ciudades de Granada, Córdoba y Sevilla. Granada, con su Alhambra, es fascinante. En Córdoba visitamos su célebre mezquita y pudimos apreciar la grandeza de la España árabe. En cuanto a Sevilla, lo que te cuente es poco porque es una ciudad bellísima.° Su catedral es enorme y desde la torre de la Giralda pudimos ver el panorama de la ciudad con

extremely
beautiful

su río el Guadalquivir. Es una lástima que no hayamos estado en Sevilla durante la Semana Santa. A propósito, los andaluces son muy simpáticos.

Estuvimos en Andalucía más de una semana y luego salimos para Extremadura. El paisaje de esta región no me pareció muy hermoso, pero Extremadura es muy interesante, porque allí nacieron° muchos de los conquistadores y hay muchos monumentos históricos.

Luego de visitar Extremadura, partimos hacia el noroeste y llegamos a Galicia, una región lindísima,° muy verde, llena de rías. En Galicia fuimos a ver la ciudad de Santiago de Compostela, que estaba llena de peregrinos° que iban a visitar su catedral. Esta catedral es una joya de arquitectura y se supone que allí está enterrado° el apóstol Santiago, que es el santo patrón de España. Hablando de los habitantes de Galicia, ellos no son tan extrovertidos° como los andaluces y hablan una lengua que es muy parecida al portugués. Durante nuestro viaje por Galicia nos quedamos en varios paradores. Me gustan más los paradores que los hoteles porque son muy auténticos, y en ellos se puede comer la comida típica de la región.

were born

extremely pretty

pilgrims

buried

friendly

Al abandonar Galicia fuimos por la Cornisa Cantábrica hacia Asturias y vimos unos pueblos preciosos, típicos y encantadores con costumbres y tradiciones antiguas. ¡Hasta oímos tocar la gaita!

Ahora estamos en Asturias. Se parece mucho a Galicia pero es más montañosa y sólo tiene una provincia. Estaremos varios días en Asturias, porque Miguel quiere conocer a sus parientes.° relatives

Bueno, hermana, te dejo. Como habrás podido ver en esta carta, España es un país bellísimo, de muchos contrastes, y de gente muy chévere.

Abrazos a todos,

Elena

P.D.° Se me olvidaba decirte que a Miguel le pusieron dos multas por postdata (P.S.) manejar a exceso de velocidad. Me callé cuidadosamente...

△▽△ I. ¿Recuerda Ud.?

1. ¿Qué vieron los Rivera en La Mancha?
2. ¿Cuántos días se quedó el matrimonio en Valencia?
3. ¿Por qué es importante Valencia?
4. ¿Qué hay por la Costa Blanca? Explique.
5. ¿Qué visitaron Miguel y Elena en Granada, Córdoba y Sevilla? Explique.
6. ¿Por qué es interesante Extremadura? ¿Dónde está?
7. ¿Cómo es Galicia? Explique detalladamente.
8. Según Elena, ¿cuál es la diferencia entre los andaluces y los habitantes de Galicia?
9. ¿Por qué le gustan los paradores a Elena?
10. ¿Qué oyeron tocar en Asturias?

▷ Notas de interés

Because water is scarce, the region of Valencia requires irrigation to produce its many crops. Since the year 960, disputes about water rights in the Valencian countryside have been settled by the **Tribunal de las Aguas.** Each Thursday morning at ten o'clock, the members of the court hear cases at the door of the Cathedral in Valencia. Cases are presented not in written form, but orally, in the local dialect **valenciano.** All rulings are pronounced immediately by the **Presidente,** who is the senior judge, and they cannot be appealed.

Although it is not as famous as its counterpart the Andalusian **Costa del Sol,** the **Costa Blanca** is nevertheless very beautiful and picturesque. The **Costa Blanca** is a favorite with both Spanish and foreign tourists. **Benidorm,** one of the world's most famous beaches, is located on this coast.

The **Alhambra** (below) is a complex of Moorish palaces where the Moorish kings of Granada once lived. The name is taken from the Moorish *al hambra,* meaning the red castle.

It took several centuries to build the most important mosque in Spain: the **Mezquita de Córdoba.** Construction was begun at a time when Córdoba was the capital of Muslim Spain. It is considered one of the greatest achivements in Moorish architecture.

The **Giralda** is the famous tower built by the Muslim rulers of Spain — people climb nearly to the top for a glorious view of the city and countryside.

The city of Sevilla is famous for several celebrations, such as Holy Week, **(Semana Santa).** During this week there are elaborate processions in which **cofradías** and **penitentes** (both members of religious brotherhoods) carry holy statues and images on platforms.

Another celebration that takes place in Sevilla is the April Fair, an unforgettable spectacle in which the citizens dress in traditional costumes and ride colorfully adorned horses.

The **rías** are like beautiful fjords which cut deeply into the Galician coastline.

A **parador** is an inn managed by the Spanish government. Many of them are restored castles or monasteries, and they are located throughout Spain.

The **Cornisa Cantábrica** refers to the coastline of northwestern Spain that borders the Bay of Biscay.

Because the **gaita** or bagpipe is associated with Scotland, people are often surprised to find this instrument in Spain. Northern Spain was once settled by the Celts, who took the **gaita** with them to Ireland and Scotland as well.

Vocabulario Práctico

NOMBRES

el **almendral**   almond grove
la **grandeza**   greatness
la **joya**   jewel
el **molino de viento**   windmill
el **naranjal**   orange grove
el **noroeste**   northwest
el **olivar**   olive grove
el **paisaje**   landscape
la **palmera**   palm tree
la **pintura**   painting
el **río**   river
el **sur**   south
la **viña**   vineyard

VERBOS

abandonar   to leave, depart from
partir   to leave, depart
tocar   to play *(instrument)*

ADJETIVOS

agrícola   agricultural
andaluz(a)   inhabitant of Andalucía

antiguo(a)   ancient
célebre   famous
encantador(a)   charming
lleno(a)   full
montañoso(a)   mountainous
pintoresco(a)   picturesque
precioso(a)   beautiful
valenciano(a)   from Valencia

MODISMOS Y EXPRESIONES ÚTILES

chévere   Caribbean expression meaning
   great, okay, etc.
es una lástima   it's too bad
lo que te cuente es poco   whatever I tell
   you is not enough
paso a contarte   I'll tell you about
poner rumbo   to set off
se pueden ver   one can see
ser parecido(a)   to resemble
tener la suerte   to be very lucky
todavía   even now, still

△▽△ **II.   Práctica del vocabulario**

A. Complete las frases con la forma correcta de los siguientes vocablos:

célebre	**parador**	**sur**	**molino de viento**
partir	**palmera**	**ría**	**noroeste**
paisaje	**montañoso**	**río**	**encantador**

1. Vimos muchas .... por la Costa Blanca.
2. Colorado y Utah son estados muy ....
3. Anoche .... para Extremadura.
4. Andalucía está en el .... de España.
5. El .... de Asturias es muy hermoso.
6. Vimos muchos .... en La Mancha.
7. Córdoba es .... por su mezquita.
8. Granada es una ciudad ....
9. Galicia está llena de ....
10. El Guadalquivir es un .... de España.

B. Explique Ud.

1. ¿Cuál es la diferencia entre una catedral y una mezquita?
2. ¿Qué es El Tribunal de las Aguas?
3. ¿Qué es una viña? ¿ Un olivar? ¿Una palmera?
4. ¿Cuál es la diferencia entre una provincia y una región?
5. ¿Qué es la gaita y dónde se encuentra? ¿Por qué?

C. Complete Ud. las siguientes oraciones con las expresiones apropiadas que aparecen en la lista a la derecha, haciendo cambios cuando sean necesarios:

tener la suerte	todavía
es una lástima	chévere
poner rumbo	ser parecido

1. María es una chica muy ....
2. Yo .... de ir a Disney World.
3. Ella no ha llegado .... de su viaje.
4. .... que ellos no vayan a Valencia.
5. Miguel y Elena .... a Galicia mañana por la tarde.

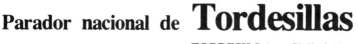

Parador nacional de Tordesillas

TORDESILLA.—(Valladolid)

△▽△ III. Descripción del dibujo

1. Cuáles son los ríos que ve Ud. en este mapa?
2. ¿Dónde hay montañas? Explique bien.
3. ¿Cerca de qué país está Extremadura?
4. Marque en el mapa la ciudad donde está La Giralda.
5. Marque en el mapa el itinerario de Miguel y Elena.

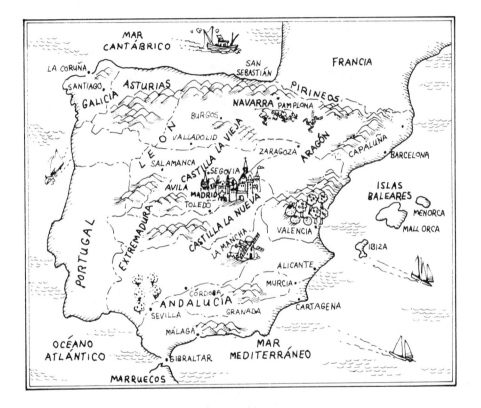

△▽△ IV. Preguntas personales

1. ¿Cree Ud. que Miguel y Elena hicieron bien en viajar por coche en vez de ir en una gira? ¿Por qué sí o por qué no?
2. Según lo que ha leído Ud., ¿cuál de las regiones de España le gustaría visitar?
3. Cuando viaja Ud., ¿qué lugares prefiere visitar? ¿Por qué?
4. ¿Preferiría Ud. quedarse en un hotel o en un parador? Explique.
5. ¿Cuál de las ciudades de España quisiera visitar Ud.? ¿Por qué?
6. ¿Le gustaría a Ud. visitar parientes que no conoce?
7. ¿Cuántas lenguas sería preferible poder hablar cuando uno viaja?
8. ¿En qué lugares le gusta quedarse cuando Ud. viaja, en hoteles o moteles? ¿Por qué?

△▽△ V. Actividades

A. Un alumno hará el papel de profesor, traerá un mapa de España a la clase, y dará una breve explicación geográfica de España. El alumno debe estar bien preparado porque el resto de la clase le hará preguntas.

B. Vamos a ver si Ud. es un buen conductor. En el siguiente dibujo hay quince señales de tráfico y sus equivalentes en español. Escoja Ud. la palabra en español que corresponde con la señal. Si Ud. escoge todas las señales correctamente el profesor le dará un premio.

1. Cruce de ferrocarril
2. Prohibido doblar a la izquierda
3. Curva a la derecha
4. Camino resbaloso
5. Curva doble
6. Pase
7. Pare
8. Prohibido aparcarse
9. Camino ondulado
10. Estación de servicio
11. Curva a la izquierda
12. Hombres trabajando
13. Una sola vía
14. Límite de velocidad
15. Escuela

△▽△ **VI.   Escribamos o conversemos**

Haga Ud. una composición o dé un informe sobre cómo conducir un coche. El siguiente modelo lo ayudará en la tarea.

Título: Conduciendo un coche

 I. *Introducción*

   A. Mi experiencia personal fue agradable/desagradable
      1. Aprendí de mis padres (papá o mamá)
      2. Aprendí de parientes
      3. Aprendí de un instructor profesional

 II. *Desarrollo*

   A. El conducir con cuidado depende de:
      1. La actitud del conductor
      2. Su enseñanza
      3. Su concentración
      4. El respeto hacia las señales de tráfico
   B. ¿Por qué ocurren accidentes?
      1. Debido a caminos/carreteras en malas condiciones
      2. Debido a coches que están en malas condiciones
      3. Debido a personas que conducen borrachas
      4. Debido al exceso de velocidad

 III. *Conclusión*

   El aprender a conducir un coche es fácil/difícil.

En un pueblo español

OBJECTIVES

SITUATION: The Riveras visit Miguel's great-uncle Emilio, who lives in Santa Eulalia, a small farming village in Asturias.

VOCABULARY: You will learn terms related to farm life and some typical exclamatory expressions.

NOTES OF INTEREST: Several concerns of small farmers and large land-owners are discussed as well as some cultural aspects of rural Spain.

ACTIVITIES: When you have finished this lesson, you will be able to talk about some of the differences between city life and country life.

△▽△▽△▽△▽△▽△▽△▽△▽△▽△▽△▽△▽△▽△▽△▽
Conversación

MIGUEL	—¿Es Ud. don Emilio Rivera?
DON EMILIO	—Sí, señor.
MIGUEL	—Soy Miguel, el nieto° de su hermano don José; y ésta es *grandson*
	mi esposa Elena.
DON EMILIO	—¡Jesús! ¡Qué alegría!

(Don Emilio los abraza y en seguida llama a su familia para que
conozcan° a la pareja.)   *meet*

DON EMILIO	—¡Qué gusto me da de conoceros! Vosotros os quedaréis
	en casa.
ELENA	—Pero don Emilio, no se moleste.
DON EMILIO	—¡Pero es posible! ¡Qué va! ¡Pasad!

(Miguel y Elena entran en casa y charlan brevemente con los demás
miembros de la familia. Después don Emilio los lleva a conocer el
pueblo.)

MIGUEL	—Tío, ¿cuánto tiempo hace que vive aquí?
DON EMILIO	—He vivido aquí toda mi vida.
ELENA	—Entonces, ¿le gusta la vida en el campo?
DON EMILIO	—¡Claro! Aquí no tendremos las comodidades° de la ciudad *conveniences*
	pero no tenemos ni polución ni tráfico, ni nada de eso.
MIGUEL	—Tiene razón, tío, pues se nota la diferencia.
DON EMILIO	—¡Válgame Dios! ¡Qué sí se nota! Aquí sólo se respira° *one breathes*
	aire puro. Vamos, que les voy a enseñar el prado.

△▽△ **I.   ¿Recuerda Ud.?**

1. ¿Quién es don Emilio? Explique.
2. ¿Cómo se llama el pueblo donde vive él?
3. ¿Cómo saludó don Emilio a Miguel y a Elena?
4. ¿Cuánto tiempo ha vivido don Emilio en el pueblo?
5. ¿Qué dice don Emilio sobre la vida en el campo?

(Caminando hacia el prado)

ELENA	—¿Y cómo es la gente del campo?
DON EMILIO	—La gente es más sencilla° y nunca está de corre corre *modest*
	como la gente de la ciudad.
MIGUEL	—Tío, ¿y qué hace Ud. aquí?

DON EMILIO —Verás, sobrino°, que ya no aro ni sego. No hago nada   nephew
de eso porque soy un anciano.° El que hace todo aquí   old man
es mi yerno°, Enrique, quien está a cargo del prado   son-in-law
de la familia.

ELENA —¿Qué tienen en el prado?

DON EMILIO —En el prado tenemos vacas, caballos, rebaños de ovejas,
heno, trigo y otras siembras.

ELENA —¿Cómo pasa el tiempo?

DON EMILIO —Me levanto temprano todos los días, voy a misa y doy
una vuelta por la plaza. Después como, duermo la siesta
y, al atardecer°, voy al bar a beber unas copas con los   dusk
amigos.

ELENA —Y la juventud°, ¿qué hace?   young people

DON EMILIO —¡Figúrate tú! Quedan pocos jóvenes en el pueblo. Todos
quieren irse a la ciudad porque dicen que allí hay más
fuentes° de trabajo y se divierten más. Temo que un día   sources
nuestro tipo de vida desaparezca°.   may disappear

ELENA —¡No me diga eso! ¡Sería una lástima!

DON EMILIO —¡Hala! Regresemos° a casa.   let's return

(Don Emilio les está enseñando la casa.)

DON EMILIO —Como podréis ver, aquí aprovechamos todo. En la planta
baja tenemos la cuadra, donde criamos las gallinas y
metemos° el ganado en el invierno.   we put

ELENA —¿Qué hay en los demás pisos?

DON EMILIO —En el primer piso tenemos la sala, el comedor y la cocina, y en el segundo están las habitaciones.

(De pronto escuchan la voz de doña Carmen, la esposa de don Emilio.)

DOÑA CARMEN —La comida está servida. Mañana la pasaréis muy bien porque es la fiesta de la patrona del pueblo.

(Al día siguiente, los Rivera van a la fiesta, y el lunes por la mañana se despiden de la familia, porque el jueves tienen que regresar a Miami. Mientras viajan hacia Madrid, comentan sobre su visita a España.)

MIGUEL —¿Te ha gustado el viaje?
ELENA —Por supuesto.
MIGUEL —España es un país encantador.
ELENA —Algún día volveremos.

△▽△ II. ¿Recuerda Ud.?

1. Según don Emilio, ¿cómo es la gente del campo? Explique.
2. ¿Qué es un prado? Explíquelo bien.
3. ¿Quién está a cargo del prado? Explique.
4. ¿Qué hay en el prado de don Emilio?
5. ¿Cómo pasa el tiempo don Emilio? Dé una respuesta completa.
6. Según don Emilio, ¿por qué quedan pocos jóvenes en el pueblo?
7. ¿Qué teme don Emilio sobre su tipo de vida?
8. ¿Cómo es la casa de don Emilio? Descríbala en detalle.
9. ¿Quién es doña Carmen? Explique.
10. ¿De qué disfrutan los Rivera antes de irse de Santa Eulalia?

Notas de interés

Don and **doña** are titles of respect used before a first name.

It is customary for Spanish people to greet one another with an **abrazo** (embrace) and to kiss each other on both cheeks.

In Spanish the word **prado** means a pasture; the word **finca** is widely used to denote a farm. However, if a farm is large, it is called an **hato** in Venezuela; an **estancia** in Uruguay, Paraguay and Argentina; a **fundo** in Chile; and an **hacienda** in Mexico and Central America. In some Spanish-speaking countries, (and New Mexico and southern Colorado) the word **rancho** refers to a cattle ranch, but in most countries it is a small farm.

A large landowner is called an **hacendado,** an **estanciero,** or a **terrateniente.** The terms **campesino,** used throughout Latin America, and **labrador,** used throughout Spain, mean either a small farmer, a laborer, or a peasant. In Cuba the word **guajiro** means peasant, and in Puerto Rico **jíbaro** is used.

The feastday of the patron saint (**patrón** or **patrona**) of a particular village is a memorable celebration throughout the Spanish-speaking world. Pilgrimages (**romerías**) are often made, and there are festivals, folkloric dances, and meals.

Vocabulario Práctico

NOMBRES

el **caballo**   horse
el **campo**   countryside
la **cuadra**   stable
la **gallina**   chicken
el **ganado**   cattle
el **heno**   hay
la **oveja**   sheep
la **plaza**   town square
el **pueblo**   village
el **rebaño**   flock; herd
la **siembra**   crop
el **trigo**   wheat
la **vaca**   cow

VERBOS

abrazar   to hug
arar   to plow
criar   to raise
segar   to reap

ADJETIVO

bajo(a)   downstairs

MODISMOS Y EXPRESIONES ÚTILES

beber unas copas   to have a few drinks
dar una vuelta   to take a walk
de corre corre   on the run
estar a cargo   to be in charge
¡figúrate tú!   imagine!
¡jesús!   heavens!
ni nada de eso   none of that
¡no me diga eso!   don't tell me that!
¡pasad!   come in!
¡qué alegría!   what a joy!
¡qué gusto me da de conoceros!   what a
   pleasure to meet you!
¡qué sí se nota!   of course you can tell!
¡qué va!   nonsense!
¡válgame Dios!   heaven help me!

△▽△ III.   Práctica del vocabulario

A. Escoja el vocablo apropiado, haciendo cambios cuando sean necesarios:

criar	gallina	cuadra	finca
caballo	prado	oveja	pueblo
abrazo	rebaño	trigo	plaza

1. En el invierno meto los animales en la ....
2. Mi tío .... muchas vacas en el prado.
3. Vi un .... de ovejas cuando fui al campo.
4. Las .... tienen dos alas.
5. En la .... de mi tío hay mucho ganado.
6. La iglesia está cerca de la ....
7. El pan se hace de ....
8. Le di un .... a mi amigo cuando lo vi.
9. El ganado está en el ....
10. Ese .... es blanco y negro.

B. Defina en español las siguientes palabras y escriba una oración original con cada una de ellas:

1. la hacienda
2. el terrateniente
3. el campesino
4. la romería
5. la patrona

C. Complete las frases con las expresiones apropiadas que aparecen en la siguiente lista, haciendo cambios cuando sean necesarios:

estar a cargo   ¡jesús!
¡qué va!   de corre corre
beber unas copas   ¡iqué sí se nota!

1. Al ver a su sobrino exclamó ....
2. Yo .... de la clase.
3. Invité a Luis a ....
4. Ella siempre está ....
5. .... , el alemán no es más interesante que el español.

△▽△ **IV.   Preguntas personales**

1. ¿Le gustaría a Ud. vivir en una casa como la de don Emilio? Explique.
2. ¿Cómo pasa Ud. el tiempo en su vida diaria?
3. Si Ud. estuviera casado (a), ¿le gustaría vivir con sus padres? Explique su respuesta.
4. ¿Le gustaría a Ud. ser un labrador? ¿Por qué?
5. ¿Por qué cree Ud. que la gente emigra del campo a la ciudad?
6. ¿Es Ud. una persona calmada o siempre anda de corre corre? Explique.
7. ¿Ha pasado Ud. un día en el campo? Cuente su experiencia.
8. ¿Está Ud. de acuerdo con don Emilio cuando dice que la gente del campo es más sencilla que la gente de la ciudad? Explique.

△▽△ **V.   Descripción de la foto**

1. ¿Esta foto será en el campo? ¿Sí o no? ¿Cómo lo sabe?
2. ¿Cuántas personas (hombres y mujeres) ve Ud. en esta foto? Explique lo que son ellas.
3. Describa Ud. la diferencia entre este tractor y uno que ha visto en los Estados Unidos.
4. ¿Qué mes del año será? Dé dos o tres razones.
5. ¿Le gustaría a Vd. ganarse la vida como estos señores? ¿Sí o no? Explique.

△▽△ **VI.   Actividades**

A. Prepare Ud. un debate con un compañero de clase (o de su grupo) en el cual uno de ustedes representará el punto de vista de una persona que prefiere vivir en la ciudad y el otro de una que favorece el campo. Si es posible, utilice algunos de los modismos y expresiones que aparecen en la lección.

B. Pretenda Ud. ser el labrador que aparece en la siguiente foto, y cuéntele a la clase (o al grupo) la historia de su familia, su vida, y su trabajo. ¿Por qué sigue Ud. siendo un labrador?

△▽△ **VII.   Escribamos o conversemos**

Escriba Ud. una composición o haga un informe sobre la vida en el campo o la ciudad. Tenga en consideración el modelo que aquí se le propone.

Título: La vida en el campo/la ciudad

    I. *Introducción*

        A. Algunos beneficios
        B. Algunas desventajas

   II. *Desarrollo*

        A. Por qué me gusta vivir en el campo/la ciudad
            1. El trabajo
            2. El paisaje
            3. La gente
            4. Las diversiones
            5. El medio ambiente

  III. *Conclusión*

Resuma sus ideas sobre la vida en el campo/la ciudad de una manera convincente.

PARTE II

Miguel and Elena Rivera have finished their trip through Spain and returned to Miami. We bid them *adiós* and *buena suerte*.

Beginning with this unit, we wll be meeting new characters and looking at various aspects of life and culture in the Spanish-speaking world, such as life in a Latin American university, a doctor's appointment, and a trip to a bookstore.

En la universidad

OBJECTIVES

SITUATION: You will observe a typical conversation among college students at a Latin American university.

VOCABULARY: You will study words and expressions that are necessary in an academic environment.

NOTES OF INTEREST: Some differences in terminology between universities in the United States and Latin American universities will be discussed.

ACTIVITIES: You will practice talking about university life.

Conversación

ALBERTO —Antonio, ¿qué tal saliste en el examen de ciencias políti-
cas°?   political science

ANTONIO —Me colgaron.

ALBERTO —Si hubieras estudiado no te habrían suspendido.

ANTONIO —Es que odio esa asignatura y para colmo es obligatoria.
También no resisto al doctor Ángeles. Es tan exigente que
se debería llamar el doctor Diablos.

ALBERTO —Él es exigente pero es muy buen profesor. Me parece que
deberías tomar mejores apuntes en su clase.

ANTONIO —Pero es que sus conferencias son tan aburridas.

ALBERTO —Antonio, ¿cómo piensas aprobar una asignatura sin asistir
a clase y sin atender al profesor?

ANTONIO —Tú sabes que ni soy ratón de biblioteca ni me quemo las
pestañas como tú.

ALBERTO —Tu problema es que no eres un estudiante aplicado.

ANTONIO —Bueno, no discutamos. Allí viene Luisa, nuestra buena
compañera, con alguien nuevo°.   somebody new

△▽△ I. ¿Recuerda Ud.?

1. ¿Qué tal salió Alberto en el examen?
2. ¿Cómo se llama el profesor de ciencias políticas?
3. ¿Por qué se debería llamar al profesor el doctor Diablos?
4. Según Alberto, ¿cuáles son algunos problemas que tiene Antonio como estudiante?
5. ¿Quién es Luisa y quién viene con ella?

(Luisa y su amigo se detienen a charlar con Alberto y Antonio.)

LUISA —Hola, ¿cómo están? Les presento a John Wright. Él es
norteamericano y se matriculará aquí el próximo curso.

ALBERTO
Y ANTONIO —Mucho gusto, John.

JOHN —Mucho gusto.

ALBERTO —¿Cómo escogiste esta universidad?

JOHN —Es que tengo una beca para estudiar español. ¿Cómo es la
universidad?

ALBERTO —Es una universidad grande. Tiene ocho facultades:

Filosofía y Letras, Derecho, Pedagogía, Ciencias Sociales, Medicina, Ingeniería, Ciencias Naturales, y Ciencias Comerciales.

JOHN	—¿Cómo son los profesores?
LUISA	—El profesorado es muy competente.°

qualified

JOHN	—¿Cómo son la biblioteca y los edificios?
LUISA	—La biblioteca es enorme y los edificios son muy modernos. En cuanto a las residencias estudiantiles, son bastante buenas.
ANTONIO	—Sí, pero la cafetería es un desastre.
ALBERTO	—No le hagas caso.
JOHN	—¿Cuántas asignaturas toman los estudiantes aquí?
ALBERTO	—Por lo general toman entre cuatro y seis.
JOHN	—¿Cómo son las clases?
ANTONIO	—Aquí los profesores dictan muchas conferencias.
JOHN	—¿Cómo es el sistema de notas?
ALBERTO	—Las calificaciones son por número y van desde suspenso hasta sobresaliente.
JOHN	—¿Cuántas asignaturas hay que tomar para obtener un diploma?
LUISA	—Cada facultad asigna el número de unidades para poder recibirse.
JOHN	—En los Estados Unidos los estudiantes tienen cursos que son requisitos pero también pueden tomar muchos electivos.
ALBERTO	—Aquí tenemos poco de eso.
LUISA	—Bueno, nos marchamos. Quiero que John conozca al rector y a su consejero y después tenemos que ir a la librería.
JOHN	—Mucho gusto y gracias por la información.
ALBERTO Y ANTONIO	—Nos vemos.

△▽△ II. ¿Recuerda Ud.?

1. De dónde es John Wright?
2. ¿Por qué estudiará él en una universidad latinoamericana?
3. ¿Qué estudiará John en la universidad?
4. ¿Cuántas facultades tiene la universidad y cuáles son?
5. Según Luisa, ¿cómo es el profesorado de la universidad?
6. ¿Qué opina Antonio acerca de la cafetería?
7. ¿Cuántas asignaturas toman los estudiantes en la universidad?
8. ¿Cómo es el sistema de notas en la universidad?
9. ¿Qué dice John sobre las clases en su país?
10. ¿A quiénes quiere Luisa que conozca John?

Notas de interés

In Spanish-speaking countries students who graduate from high school (which is called **instituto** if public and **colegio** if private) receive the title of **bachiller.** It is in high school that students get their general education, so that the university program is more structured than that in the United States. Students take very few electives at the university and instead concentrate on their majors.

While the word **curso** means course, it also refers to the academic year, term, or semester.

The word **facultad** does not mean faculty, but rather refers to a particular school within a university. Sometimes it also refers to the buildings occupied by the school. The word for instructors as a group is **profesorado** or **claustro.**

In Spanish-speaking countries classes are conducted for the most part in the form of lectures. The grading system is generally as listed below:

Number	Name	U.S. Equivalent
9–10	Sobresaliente	A
7–8	Notable	B
5–6	Aprobado	C
0–4	Suspenso	F

Vocabulario Práctico

NOMBRES

los **apuntes**   notes
la **asignatura**   subject
la **beca**   scholarship
la **biblioteca**   library
la **calificación**   grade
(las) **ciencias comerciales**   business
el (la) **compañero(a)**   classmate
la **conferencia**   lecture
el (la) **consejero(a)**   adviser
(el) **derecho**   law
la **librería**   bookstore
la **nota**   grade
(la) **pedagogía**   education
el **rector**   president
el **requisito**   requirement

la **residencia estudiantil**   dormitory
la **unidad**   credit hour

VERBOS

aprobar   to pass
asistir   to attend
atender   to listen
dictar   to lecture
intercambiar   to exchange
matricularse   to register
recibirse   to graduate
suspender   to fail

ADJETIVOS

aburrido(a)   boring

aplicado(a)   conscientious
exigente   demanding
obligatorio(a)   required

MODISMOS Y EXPRESIONES ÚTILES

hacer caso   to pay attention
me colgaron   they flunked me
no resisto a   I can't stand

nos vemos   we'll see you
para colmo   to add insult to injury
poco de eso   very little of that
quemarse las pestañas   to burn the
    midnight oil (*fig.*)
¿Qué tal saliste...?   How did you do (come
out) . . .?
ser ratón de biblioteca   to be a bookworm

△▽

△▽△ III. Práctica del vocabulario

A. Complete las frases con la forma correcta de los siguientes vocablos:

asignatura	conferencia	biblioteca	compañero
suspender	aprobar	beca	apunte
nota	curso	librería	asistir

1. No me gusta esa clase porque hay que tomar muchos ....
2. Él es tan inteligente que hasta se ganó una ....
3. La profesora Vásquez dicta unas .... magníficas.
4. Mis .... estudian mucho este curso.
5. Ayer ella no .... a la clase.
6. No obtuve buenas .... el semestre pasado.
7. El español es una de mis .... preferidas.
8. Compré el diccionario en la .... de la universidad.
9. El .... es desde septiembre hasta diciembre.
10. Juan no estudió y por eso .... el examen.

B. Explique en español la diferencia entre:

1. una librería y una biblioteca
2. el claustro y la facultad
3. apuntes y notas
4. un rector y un consejero
5. asistir y atender

C. Escriba una oración original con cada una de las siguientes expresiones:

1. para colmo
2. poco de eso
3. ¿Qué tal saliste?
4. quemarse las pestañas
5. me colgaron

△▽△ **IV. Preguntas personales**

1. ¿Cree Ud. que es importante estudiar una lengua extranjera? Explique.
2. ¿Cuántas asignaturas tiene Ud. este semestre? ¿Cuál le gusta más y cuál le gusta menos? Explique.
3. ¿Es Ud. un ratón de biblioteca o un estudiante que se quema las pestañas?
4. ¿Opina Ud. que es importante asistir a clase para sacar buenas notas?
5. ¿Cree Ud. que la matrícula en su universidad es muy cara? Explique.
6. ¿Cuáles son las ventajas o desventajas de vivir en una residencia estudiantil?
7. ¿Cuál le gusta más, el sistema universitario latinoamericano o el sistema norteamericano? Explique.
8. ¿Le gustaría a Ud. ser un profesor universitario? Diga por qué sí o por qué no.

△▽△ **V. Descripción de la foto**

1. Describa Ud. a la estudiante, sus dos compañeros de clase, y al profesor.
2. ¿Qué está haciendo el profesor? Explíquelo en detalle.
3. ¿Cómo sabe Ud. que él es el profesor? Defienda su respuesta.
4. ¿Cree Ud. que el profesor se lleva bien con sus estudiantes o no? Explíquelo bien.
5. ¿Qué clase de médico cree Ud. que llegará a ser cada uno de ellos al terminar su carrera? Dé siquiera dos razones.

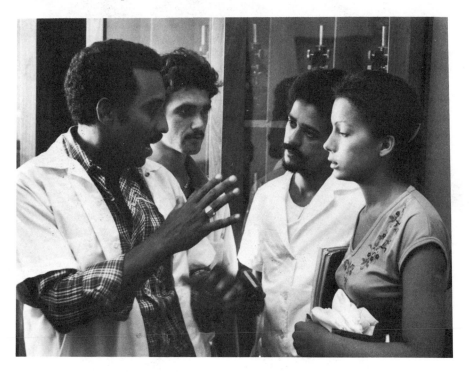

△▽△ VI. Actividades

A. El profesor de la clase la dividirá en tres grupos. Dentro de cada grupo varios alumnos harán el papel de consejeros que están tratando de ayudar a nuevos alumnos;
otros dictarán breves conferencias; y por último un estudiante será el rector que está
hablando con varios estudiantes que quieren mejor comida en la cafetería y más
cursos electivos.

B. Teniendo en cuenta el vocabulario aprendido en esta lección, invente un diálogo
entre estas estudiantes de la foto que acaban de salir de un examen final.

△▽△ **VII. Escribamos o conversemos**

Escriba Ud. una composición o dé un informe sobre su universidad de acuerdo con el siguiente modelo.

Título: Mi universidad

  I. *Introducción*

  A. Descripción histórica de mi universidad
  1. ¿Cuándo fue fundada?
  2. ¿Quién la fundó?
  3. ¿Por qué fue fundada?
  B. ¿Cuántas facultades y estudiantes tiene ahora?

  II. *Desarrollo*

  A. Descripción física de la universidad
  1. ¿Cómo son los edificios y las aulas?
  2. ¿Tiene residencias estudiantiles?
  3. ¿Es hermoso el lugar donde está situada?
  B. Descripción académica
  1. ¿Cómo es el programa de estudios?
  2. ¿Cómo es el profesorado?
  3. ¿Son buenos los estudiantes?
  4. ¿Cuáles son las ventajas (desventajas) de esta universidad?

  III. *Conclusión*

  (No) Recomendaré esta universidad porque...

Buscando empleo

OBJECTIVES

SITUATION: Jorge López, a recent college graduate, has an interview with Mr. Galíndez, the head of personnel for an import-export company.

VOCABULARY: You will learn words and expressions useful both in business and in a job search.

NOTES OF INTEREST: Some abbreviations used in business are explained.

ACTIVITIES: You will prepare to conduct a job interview in Spanish.

▽△▽△▽△▽△▽△▽△▽△▽△▽△▽△▽△▽△▽△▽△▽△▽△▽△▽
Conversación

SR. GALÍNDEZ —*(Sacando del fichero la solicitud de empleo)* Buenos días, joven. ¡Pase y siéntese!

JORGE —Muchas gracias, señor.

SR. GALÍNDEZ —He examinado su solicitud de empleo y su resumen. Dígame, ¿cómo se enteró de este puesto?

JORGE —Vi el anuncio de la vacante en el periódico.

SR. GALÍNDEZ —¿Por qué quiere formar parte de la Compañía Importadora de Víveres, S. A.?

JORGE	—Porque es una de las empresas más grandes del país.
SR. GALÍNDEZ	—*(Mirando la planilla.)* Aquí señala° Ud. que se recibió point out en Ciencias Comerciales. ¿Cuál es su especialización?
JORGE	—Mis campos son finanzas y ventas.
SR. GALÍNDEZ	—¿Qué experiencia práctica tiene?
JORGE	—Trabajé por tres años como asistente del director de ventas de una firma de bienes raíces.
SR. GALÍNDEZ	—¿Por qué renunció?
JORGE	—Dejé el puesto para continuar mis estudios.
SR. GALÍNDEZ	—¿Era grande la compañía?
JORGE	—Era un negocio pequeño, pero tenía varios empleados.
SR. GALÍNDEZ	—*(Leyendo el resumen.)* Veo que es un aspirante com- petente porque tiene muy buenas referencias.
JORGE	—Sí, señor, eso es lo que más me complace.° pleases
SR. GALÍNDEZ	—¿Sabe cuáles son las responsabilidades del cargo de director de ventas en esta compañía?
JORGE	—Solamente tengo una idea muy general.
SR. GALÍNDEZ	—Si lo escogemos, se encargará de promover las ventas y supervisar a los vendedores.
JORGE	—Me interesa mucho eso.
SR. GALÍNDEZ	—¿Tiene alguna pregunta sobre el puesto o sobre la compañía?
JORGE	—Sí, ¿cuál será el sueldo?
SR. GALÍNDEZ	—El sueldo es de 650 pesos mensuales. ¿Desea saber algo más?
JORGE	—No, señor, nada más.
SR. GALÍNDEZ	—Si lo colocamos, ¿cuándo estaría dispuesto a empezar?
JORGE	—Cuando Ud. guste.
SR. GALÍNDEZ	—Muy bien. Vamos a decidir dentro de diez días y si lo escogemos lo llamaré.
JORGE	—Muchas gracias por la entrevista.

(Después de dos semanas, Jorge recibe la llamada del Sr. Galíndez.)

SR. GALÍNDEZ	—¡Enhorabuena! ¡El puesto es suyo!
JORGE	—¡Magnífico!

△▽△ I.   ¿Recuerda Ud.?

1. ¿Cómo se enteró Jorge del puesto?
2. ¿Cómo se llama la compañía donde quiere trabajar Jorge y cómo es?
3. ¿Qué estudió Jorge en la universidad?
4. ¿Qué experiencia práctica tiene Jorge y por qué dejó su previo trabajo?
5. ¿Por qué dice el señor Galíndez que Jorge es un aspirante competente?

6. ¿Cuáles serán las responsabilidades de Jorge como jefe de ventas?
7. ¿Cuál fue la pregunta que Jorge le hizo al señor Galíndez?
8. ¿Cuál será el sueldo de Jorge si obtiene el empleo?
9. ¿Cree Ud. que Jorge vive en un país hispano o en los Estados Unidos? Explique.
10. ¿Qué le dijo el señor Galíndez a Jorge al terminar la entrevista y por qué?

Notas de interés

The abbreviation **S. A.** stands for **Sociedad Anónima,** indicating that shares in the company are sold to the public. Its equivalent in the United States is *Inc.,* and in England it is *Ltd. (Limited).* **S. A.** is sometimes incorporated into an abbreviation for the company; for example, the Mexican supermarket chain **SuperMercados, S. A.** goes by the name of **Su mesa** (your table).

Vocabulario Práctico

NOMBRES

el **anuncio**   advertisement
el **aspirante**   applicant
los **bienes raíces**   real estate
el **campo**   field (fig.)
el **cargo**   job
el **director de ventas**   sales manager
el **empleado**   employee
el **empleo**   employment
la **empresa**   firm
la **entrevista**   interview
el **fichero**   file
la **firma**   business firm
el **negocio**   business
el **puesto**   job
las **referencias**   references
el **resumen**   résumé
la **solicitud de empleo**   job application
el **sueldo**   salary
la **vacante**   opening
el **vendedor**   salesman

las **ventas**   sales
los **víveres**   food products

VERBOS

colocar   to hire
enterarse   to find out
promover   to promote
renunciar   to resign

ADJETIVO

mensual   monthly

MODISMOS Y EXPRESIONES ÚTILES

cuando guste   whenever you please
dentro de   within
encargarse de   to take charge of
¡enhorabuena!   congratulations!
estar dispuesto a   to be ready to
formar parte de   to be part of

△▽△ II.   Práctica del vocabulario

A. Escoja el vocablo apropiado, haciendo cambios cuando sean necesarios:

empleado	empresa	vacante	renunciar
vendedor	fichero	sueldo	colocar
promover	negocio	enterarse	entrevista

1. El señor puso mi resumen dentro de un ....
2. Mi .... es de mil dólares mensuales.
3. Manuel es un gran .... de los productos de la compañía.
4. Necesito una .... con el señor Galíndez.
5. Él trabaja en esa compañía, por lo tanto es su ....
6. El jefe quiere que yo .... ese nuevo producto.

7. La firma .... a ese aspirante porque podía empezar inmediatemente.
8. La compañía donde Luis trabaja es un .... pequeño.
9. Yo trabajo en la .... más grande del país.
10. El anuncio indica que hay una .... en esa compañía.

B. Seleccione la palabra del grupo B que más se asocie a la del grupo A:

A	B
planilla	cargo
firma	campo
puesto	solicitud de empleo
especialización	renunciar
dejar	empresa
	empleado

C. Llene los espacios con las expresiones apropiadas que aparecen en la lista, haciendo cambios cuando sean necesarios:

formar parte de
estar dispuesto a
encargarse de
cuando guste
dentro de
¡enhorabuena!

1. Mi amiga y yo .... trabajar en esa compañía.
2. Ud. puede venir aquí ....
3. El señor Torres .... los víveres.
4. Te ganaste el premio, ...
5. Yo .... de esta clase.

△▽△ III. Preguntas personales

1. Si Ud. estuviera buscando empleo, ¿cómo se prepararía para la entrevista?
2. ¿En qué tipo de negocio le gustaría trabajar y por qué?
3. ¿Cree Ud. que es importante leer los anuncios en el periódico? ¿Lo hace Ud.?
4. ¿Cuáles son las ventajas que tiene un empleado bilingüe?
5. ¿Piensa Ud. que para obtener un trabajo es importante tener buenas referencias personales? Explique.
6. ¿Cuál cree Ud. que es más importante para conseguir un empleo: una carrera universitaria o la experiencia práctica? Dé a conocer sus razones.
7. Si Ud. no pudiera encontrar trabajo, ¿qué haría?
8. ¿Le gustaría a Ud. ser director de ventas de una compañía? ¿Por qué sí o no?

△▽△ IV. Descripción de la foto

1. ¿Por qué diría Ud. que el señor a la derecha es una persona importante?
2. ¿Qué clase de puesto estará solicitando el joven? Diga por qué.
3. Describa la personalidad de cada uno de ellos y explique por qué son diferentes de carácter.
4. ¿Pertenecerá esta oficina a una compañía grande o pequeña? Dé sus razones.
5. ¿Qué calcificaciones deberá tener el joven para conseguirse el puesto?

△▽△ V. Actividades

A. Imagínese que tiene una entrevista con uno de los oficiales de una compañía. Prepare una lista de diez preguntas que Ud. le haría sobre el puesto.

B. Llene Ud. la siguiente solicitud de empleo, y trate de no cometer errores al cumplir con su tarea. Analice la información con sus compañeros de clase. Prepárese para contestar cualquier pregunta que tengan ellos.

SOLICITUD DE EMPLEO

FOREMOST
Fábrica de Helados
67 N 24 Street
Austin, Texas

Sr.
Sra.
Srta. ....
    Apellido   Nombre   Segundo nombre

Dirección: ....
    Número   Calle   Ciudad

....
    Estado   Zona Postal   Teléfono

Número de Seguro Social: .... Edad: ....

Estado civil: soltero casado divorciado   Nacionalidad: ....

Lugar de nacimiento: .... Licencia de conducción:
    Estado o país

                                              No. ....

Esposa o esposo: ....

Nombre y edad de los hijos: ....

Educación:	Nombre de la Institución	Años Desde/Hasta	Título o certificado
Primaria:	....	....	....
Secundaria:	....	....	....
Universitaria:	....	....	....
Otros:	....	....	....

Experiencia:

Nombre de la empresa	Dirección	Desde/Hasta
....	....	....
....	....	....
....	....	....

Referencias personales:

Nombres y apellido	Dirección	Teléfono
....	....	....
....	....	....
....	....	....

....
Mes   Día   Año   Firma del solicitante

△▽△ VI. Escribamos o conversemos

Imagínese que Ud. quiere trabajar para una compañía en un país latinoamericano y necesita escribir una carta o mandar una cinta al presidente de la compañía. Tenga en cuenta las siguientes instrucciones.

Título: Un empleo en el extranjero

    I. *Introducción*
      A. Fecha
      B. Salutación
      C. Presentación personal

  II. *Desarrollo*
      A. Describa su experiencia práctica.
      B. Cite su preparación académica.
      C. Indique las lenguas que habla.
      D. Indique el sueldo que desea.
      E. Cite cualquier otra información pertinente.

 III. *Conclusión*
      A. Termine la carta o la cinta dando un breve resumen de sus cualidades.
      B. Concluya con una despedida que sea apropiada.

El mundo de los negocios

OBJECTIVES

SITUATION: Roberto Villamil, a retailer, goes on a buying trip and visits a confectioner's warehouse.

VOCABULARY: You will learn terms and expressions that are common in business circles.

NOTES OF INTEREST: You will learn certain peculiarities of the Spanish language regarding the marking of gender with certain terms for professions.

ACTIVITIES: By the end of this chapter you will be able to talk to business people about their work. You will also prepare an oral report about a woman who is important to Hispanic civilization.

Conversación

SR. VILLAMIL — Buenos días, soy el señor Villamil y tengo una cita con el presidente.

RECEPCIONISTA — Sí, estará aquí de un momento a otro.

(Se aparece la señora Rosalía Casajuana de García.)

SRA. CASAJUANA — Buenos días, me llamo Rosalía Casajuana. ¿Es Ud. el señor Villamil?

SR. VILLAMIL — Sí, busco al presidente de Casajuana y García.

SRA. CASAJUANA — Aquí me tiene.

SR. VILLAMIL — Perdone, no pensaba que el presidente, mejor dicho, la presidente, fuera° una mujer.   might be

SRA. CASAJUANA — ¿Y por qué no?

SR. VILLAMIL — *(Titubeando°)* Es que...   wavering

SRA. CASAJUANA — *(Sonriéndose°)* Es que los tiempos cambian. ¿En qué   smiling
puedo servirle?

SR. VILLAMIL — Soy detallista y quisiera hacer un pedido de sus productos.

SRA. CASAJUANA — Pase conmigo a mi despacho y allí podrá ver el muestrario.

SR. VILLAMIL — *(Después de ver el muestrario.)* Tienen una gran lista de precios.

SRA. CASAJUANA — Sí, damos mejores precios que nuestros competidores, porque somos los almacenistas más grandes del país.

SR. VILLAMIL — ¿Dan algún descuento?

SRA. CASAJUANA — Sí, por supuesto, nuestros clientes siempre se ahorran dinero.

SR. VILLAMIL — ¿Pagan el flete?

SRA. CASAJUANA — No, señor, solamente pagamos los trámites de embarque y los impuestos.

SR. VILLAMIL — Pero me había dicho que sus clientes siempre se ahorran dinero.

(Los dos se ríen.)

SRA. CASAJUANA — Hasta cierto punto. Ud. comprenderá que la meta°   goal
de un buen negocio es dejar ganancias y no pérdidas.

SR. VILLAMIL — Sí, nadie quiere irse a la quiebra. ¿Cuándo embarcarían la mercancía y cuánto tardaría en llegar?

SRA. CASAJUANA — Si la embarcáramos el lunes tardaría unos doce o trece días.

SR. VILLAMIL	—¿Cómo son las facilidades de pago?
SRA. CASAJUANA	—Deje una carta de crédito con la mitad° del importe, *half* y el resto lo puede pagar a plazos después que reciba la factura.
SR. VILLAMIL	—¿Necesito firmar un pagaré?
SRA. CASAJUANA	—No, no es necesario.
SR. VILLAMIL	—Bien, trato hecho.

△▽△ I. ¿Recuerda Ud.?

1. ¿Qué es Casajuana y García y quién es su presidente?
2. ¿Qué le pasó al señor Villamil cuando vio a la señora Casajuana?
3. ¿Cuál es la profesión del señor Villamil?
4. ¿Qué vio el señor Villamil en el despacho?
5. Según la señora Casajuana, ¿por qué puede su firma dar mejores precios que sus competidores?
6. ¿Da algún descuento Casajuana y García?
7. ¿Quién tendrá que pagar el flete y por qué?
8. Según la señora Casajuana, ¿cuál es la meta de un buen negocio?
9. ¿Cuáles son las facilidades de pago que da el almacén?
10. ¿Qué quiere decir el señor Villamil con *trato hecho*?

Notas de interés

The cultures of the Spanish-speaking world tend to be dominated by men, and sometimes the language itself reflects this. Noun gender particularly provides an interesting example of grammatical chauvinism.

For instance, the masculine plural is used to refer to any group of people, even if only one member of the group is male and the rest are female: **los alumnos, los señores, los empleados.**

Also, the masculine gender is used to identify certain professionals regardless of whether the actual person is a man or a woman: **el abogado, el médico, el jefe, el presidente, el primer ministro, el carpintero.** In everyday usage, however, this practice is beginning to change. In some cases people are using the feminine article before a masculine noun, as in **la presidente.** In other cases, people are beginning to change the noun itself to a feminine form, as in **la presidenta** or **la primera ministra.** Note the following headline:

Serán Restituidos Todos los Bienes de la Ex Presidenta Argentina Isabel Perón

It is important to note that despite the existence of a certain male dominance, women have made tremendous contributions to Hispanic culture and civilization. Women such as **Isabel la Católica,** queen of Spain (1451–1504): the Spanish mystic **Santa Teresa de Jesús** (1515–1582); the Chilean poetess **Gabriela Mistral** (1889–1957), who won the Nobel Prize for literature in 1945; and **Eva Duarte de Perón,** who in 1952 was declared by the Argentine Congress to be the "Spiritual Chief of the Nation," are just a few examples of Hispanic women who have had a major impact on their world.

Vocabulario Práctico

NOMBRES

el (la) **almacenista**   wholesaler
la **carta de crédito**   letter of credit
la **cita**   appointment
el **descuento**   discount
el **despacho**   office
el (la) **detallista**   retailer
las **facilidades de pago**   credit terms
la **factura**   invoice
el **flete**   freight
la **ganancia**   profit
el **importe**   amount
el **impuesto**   tax
la **mercancía**   merchandise
el **muestrario**   collection of samples
el **pagaré**   promissory note
la **pérdida**   loss

el **trámite de embarque**   shipping arrangement

VERBO

embarcar   to ship

MODISMOS Y EXPRESIONES ÚTILES

a plazos   in installments
aquí me tiene   here I am
dejar ganancias   to make profits
de un momento a otro   at any moment
hacer un pedido   to place an order
hasta cierto punto   up to a point
irse a la quiebra   to go broke
los tiempos cambian   times are changing
mejor dicho   more specifically
trato hecho   it's a deal

II.   Práctica del vocabulario

A. Ponga la forma correcta de los siguientes vocablos:

detallista	impuesto	ganancia	flete
pérdida	pagaré	despacho	embarcar
factura	importe	muestrario	cita

1. Yo estoy muy contento con las .... de mi negocio.
2. Mi hermano es .... en Nuevo México.
3. Los .... del gobierno siempre son muy altos.
4. ¿Cuándo podrían .... la mercancía?
5. Le enviaremos la .... con la mercancía.
6. Ella conoció la marca del producto cuando lo vio en el ....
7. Ese negocio no es bueno porque deja muchas ....
8. Nuestra compañía solamente paga el .... de la mercancía.
9. El contrato lo firmaremos en mi ....
10. Si quiere comprar ese producto a plazos tendrá que firmar un ....

B. Defina en español las siguientes palabras y escriba una oración original con cada una de ellas:

1. las facilidades de pago
2. el almacenista
3. el importe
4. el trámite de embarque
5. el pagaré

C. Complete las siguientes oraciones con la expresión apropiada de la siguiente lista, haciendo cambios cuando sean necesarios:

a plazos	hasta cierto punto	trato hecho
irse a la quiebra	hacer un pedido	de un momento a otro

1. Miguel no sabía vender, por lo tanto, su negocio ....
2. Yo tengo que comprar ese coche .... porque no tengo mucho dinero.
3. María estará en su casa ....
4. Ayer, yo .... en ese almacén.
5. .... , ése ha sido el examen más difícil que hemos tenido.

△▽△ **III.   Preguntas personales**

1. ¿Tiene Ud. interés en el mundo de los negocios? Dé a conocer su opinión.
2. ¿Le gustaría a Ud. ser presidente de una gran compañía? Explique su respuesta.
3. ¿Por qué se van a la quiebra los negocios algunas veces? Dé sus razones.
4. ¿Piensa Ud. que hoy día es muy difícil abrir un negocio? Explique.
5. ¿Le parece a Ud. que el cliente siempre debe tener la razón? ¿Por qué sí o no?
6. ¿Cree Ud. en la igualdad del hombre y de la mujer? Exprese su opinión convincentemente.
7. ¿Piensa Ud. que es difícil para una mujer ser presidente de una compañía? Explique su respuesta.
8. ¿Cuál es su opinión acerca del sistema de impuestos norteamericano?

△▽△ **IV.   Descripción de la foto**

1. ¿Quién será el señor que está de espaldas en la foto?
2. ¿Qué le estará esplicando al grupo de hombres?
3. ¿Cuántos hombres hay en la foto, más o menos, y por qué no se ven mujeres?
4. Explique si a Ud. le gustaría trabajar aquí o no.
5. ¿Los señores desean vender o comprar algo? ¿En qué basa Ud. su respuesta?

△▽△ V. Actividades

A. Dé Ud. un informe biográfico acerca de una mujer importante o famosa en el mundo de hoy. Puede ser una figura del mundo de los negocios, de la religión, de la política, del cine, de los deportes, o de las artes.

B. Usando el vocabulario que aprendió en esta lección, pretenda Ud. ser la persona que está usando el teléfono en el siguiente dibujo. Invente un pequeño diálogo con otro compañero(a), que hará el papel de su mejor cliente que está enfadado porque no le ha llegado la mercancía.

△▽△ VI.   Escribamos o conversemos

Escriba Ud. una composición o prepare un discurso sobre el tema que se le ofrece siguiendo el plan.

Título: El sistema económico en los Estados Unidos

    I. *Introducción*
        A. El sistema capitalista (no) es una necesidad
        B. La gente norteamericana (no) tiene mucha oportunidad

    II. *Desarrollo*
        A. Las ventajas del sistema de hoy
        B. Las desventajas del sistema de hoy
        C. ¿Debe el gobierno mantener el sistema de mercado «libre» o debe intervenir en algunas ocasiones?
        D. ¿Es verdaderamente posible hacerse rico?
        E. ¿Cómo es la «clase media»?

    III. *Conclusión*
    Los Estados Unidos (no) debería continuar con el sistema capitalista.

16

Una visita al médico

OBJECTIVES

SITUATION: Juan Gómez, accompanied by his wife, Isabel, goes to the doctor's office.

VOCABULARY: You will learn vocabulary for parts of the body and words and expressions pertaining to illness and medicine.

NOTES OF INTEREST: You will examine some of the medical practices customary in the Spanish-speaking world.

ACTIVITIES: You will find out how to talk about your health and how to describe your symptoms to a doctor.

Conversación

ISABEL	—Ya era hora que vinieras al médico. Te pasas el santo día tosiendo y estornudando.
JUAN	—*(Enfadado)* ¡Boberías! No tengo ninguna enfermedad y gozo de buena salud.
ISABEL	—¡Cálmate! No pierdas los estribos.
JUAN	—Odio a los médicos. Todos son iguales: Te ven por cinco minutos, y te cobran un dineral.° Por eso prefiero ir a ver a Pedro, el boticario.

gobs of money

(De pronto llega la enfermera.)

ENFERMERA	—Señor Gómez, pase a ese cuarto que en seguida lo atenderá el doctor Domínguez.
JUAN	—Pero si no estoy enfermo...
DR. DOMÍNGUEZ	—¿Cómo se siente?
JUAN	—*(Tosiendo mucho.)* Me siento a las mil maravillas.

DR. DOMÍNGUEZ —¿Qué le duele?

JUAN —Venir aquí.

DR. DOMÍNGUEZ —*(Poniéndose el estetoscopio.)°* ¡Respire hondo! ¡Saque la lengua!   stethoscope

JUAN —*(Nervioso)* ¿Qué tengo?

DR. DOMÍNGUEZ —Tiene un resfriado muy fuerte. ¿Es alérgico a la penicilina?°   allergic to penicillin

JUAN —*(En voz baja.)* No, solamente a los médicos.

DR. DOMÍNGUEZ —*(Riéndose°.)* Tome este jarabe cada seis horas.   laughing

JUAN —¿Ya me puedo ir?

DR. DOMÍNGUEZ —Sí, pero mañana mismo quiero ingresarlo en la clínica.

JUAN —¿Por qué?

DR. DOMÍNGUEZ —Para hacerle radiografías y reconocerlo de punta a cabo.

JUAN —*(En voz baja.)* Para cobrarme más.

DR. DOMÍNGUEZ —Señor Gómez, no tiene más remedio que ir a la clínica.

(Después de estar en la clínica y ser dado de alta, Juan habla con el Dr. Domínguez.)

DR. DOMÍNGUEZ —*(Mirando la hoja clínica.)* Señor Gómez, Ud. tiene que cuidarse.

JUAN —¿Por qué?

DR. DOMÍNGUEZ —Porque tiene la presión arterial muy alta.

JUAN —Entonces, ¿qué tengo que hacer?

DR. DOMÍNGUEZ —Le recetaré unas pastillas y vuelva al consultorio dentro de un mes para hacerle un chequeo.

JUAN —No creo que pueda hacerlo, porque cuando vea la cuenta me dará un infarto.

△▽△ I. ¿Recuerda Ud.?

1. ¿Por qué fue Juan a ver al médico?
2. ¿Qué opina Juan de los médicos? ¿Por qué?
3. ¿Quién es Pedro?
4. Según Juan, ¿a qué es alérgico él?
5. ¿Por qué quiere el doctor Domínguez que Juan ingrese en una clínica?
6. ¿Por qué dice el doctor Domínguez que Juan tiene que cuidarse?
7. ¿Qué le recetó el doctor a Juan?
8. ¿Por qué tendrá Juan que volver al consultorio?
9. ¿Por qué dice Juan que le dará un infarto?
10. ¿Cree Ud. que Juan gozaba de buena salud? Explique.

Notas de interés

It is customary in Spanish-speaking countries to seek the advice of the neighborhood pharmacist, called a **boticario,** before consulting a doctor. Often one can get over-the-counter medicine from the **boticario** without a doctor's prescription. In many places at least one pharmacy is open twenty-four hours a day, seven days a week, for emergencies that do not require a doctor.

Another very important adviser on health and well-being is the **curandero(a)** (folk healer), who treats symptoms with potions, herbs, and other non-technical cures. The holistic methods used by the folk healer are now being studied by medical researchers in many countries, including the United States.

Some form of socialized medicine exists in most Spanish-speaking countries, but many people still belong to a **clínica** or health-care association. Members are entitled to medical services for a flat monthly or annual fee.

One advantage of the system of socialized medicine is the provision of medical care in less affluent rural communities. Medical students are required to spend approximately two years in rural areas after the completion of their internships. This assures a steady supply of qualified physicians to remote areas.

Vocabulario Práctico

NOMBRES

el **consultorio**   doctor's office
el **chequeo**   checkup
la **enfermedad**   illness
la **enfermera**   nurse
la **hoja clínica**   medical history
el **infarto**   heart attack

el **jarabe**   cough syrup
el **médico**   doctor
la **pastilla**   tablet
la **presión arterial**   blood pressure
la **radiografía**   X-rays
el **resfriado**   cold

la cabeza
la cara
la nariz
la boca
la frente
el ojo
el pelo
el hombro
la oreja
los labios
el cuello
el pecho
los dedos de la mano
la mano
la muñeca
el brazo
el estómago
la espalda
la cadera
los músculos
la rodilla
el tobillo
la pierna
los dedos del pie

VERBOS

atender   to wait on
cuidarse   to take care of oneself
estornudar   to sneeze
ingresar   to have (someone) admitted;
   to enter
recetar   to prescribe
respirar   to breathe
toser   to cough

ADJETIVOS

hondo(a)   deep

MODISMOS Y EXPRESIONES ÚTILES

a las mil maravillas   wonderful

¡boberías!   nonsense!
de punta a cabo   from head to toe
gozar de buena salud   to be in good health
no tener más remedio que   to have no
   other choice than
pasarse el santo día   to spend the whole
   blessed day
perder los estribos   to lose one's head
sacar la lengua   to stick one's tongue out
ser dado de alta   to be discharged
todos son iguales   they're all the same
ya era hora   it was about time

△▽

△▽△ II.   Práctica del vocabulario

A. Complete las frases con la forma correcta de los siguientes vocablos:

ingresar	**resfriado**	**respirar**	**enfermedad**
jarabe	**consultorio**	**toser**	**infarto**
recetar	**pastilla**	**enfermera**	**chequeo**

1. Tomé un .... porque estaba tosiendo mucho.
2. Ella quiere comprar estas .... de penicilina.
3. Cuando fumo mucho, ... bastante.
4. Como él no se siente bien, el doctor quiere que .... en esa clínica.
5. El .... se abre a las nueve de la mañana.
6. Cuando yo estaba enfermo, el doctor me .... muchas medicinas.
7. Ella estornuda mucho porque tiene un ....
8. La .... estaba mirando la hoja clínica.
9. ¡............. Ud. hondo! por favor.
10. Él se murió de un ....

B. Seleccione la palabra más apropiada para completar el significado de la frase:

1. Caminamos con los ....
       pies   dedos   brazos
2. Los .... están dentro de la boca.
       dientes   tobillos   pies

3. Ella tiena las .... muy grandes.

            hombros   orejas   espalda

4. La .... es roja.

            pierna   cabeza   sangre

5. El .... es el órgano más importante del cuerpo.

            pelo   corazón   pecho

6. Hablamos con la ....

            lengua   frente   cabeza

7. Los .... de María son azules.

            tobillos   ojos   hombros

8. La nariz forma parte de la ....

            cara   mano   frente

9. Algunas mujeres se pintan los ....

            ojos   músculos   pies

10. Me dio un beso en los ....

            músculos   tobillos   labios

C. Complete Ud. las siguientes frases con las expresiones apropiadas que aparecen en la lista, haciendo cambios cuando sean necesarios:

a. de punta a cabo
b. tener más remedio que
c. perder los estribos
d. dar de alta
e. ya era hora
f. sacar la lengua

1. .... que tú fueras al médico.
2. Espero que el doctor me .... hoy.
3. Cuando me enfado, siempre ....
4. Yo no .... estudiar más.
5. Estudié la lección de anatomía ....

△▽△ III. Preguntas personales

1. ¿Cuándo es que va Ud. al médico? Explique.
2. ¿Piensa Ud. que es importante hacerse un chequeo una vez al año? Explique su respuesta.
3. ¿Cree Ud. que el enfadarse es malo para la salud? Explique por qué.
4. ¿Qué hace Ud. para gozar de buena salud? Explique bien.
5. ¿Cuándo pierde Ud. los estribos? Dé ejemplos.
6. ¿Qué hace Ud. cuando tiene un resfriado?
7. ¿Qué haría Ud. si el médico le dijera que tiene una enfermedad incurable?
8. ¿Le gustaría a Ud. ser médico o enfermera? ¿Por qué sí o por qué no?

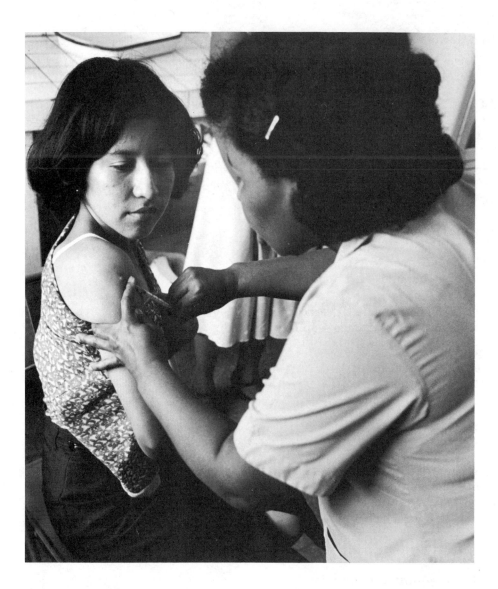

△▽△ **IV.   Descripción de la foto**

1. ¿Por qué diría Ud. que la foto fue tomada en una clínica y no en un hospital? Explique su respuesta.
2. Describa Ud. la condición física de la paciente. Explíquela bien.
3. ¿Para qué enfermedad será la inyección que le pone la doctora?
4. ¿Quién pagará la cuenta, la paciente o el gobierno? Dé sus razones.
5. ¿Qué le dirá la doctora a la paciente después de la visita?

△▽△ **V. Actividades**

A. Tratando de poner en práctica el vocabulario aprendido en la lección, los estudiantes practicarán una de las tres tareas que siguen (cada una es para dos alumnos): (a) Ud. lleva rápidamente a su esposa embarazada en coche al hospital; cuéntenle a la clase lo que iban pensando cada uno de Uds. antes de llegar al hospital. (b) Pretenda ser una enfermera, luego hágale una serie de preguntas a un paciente sobre su salud. (c) Ud. es un(a) doctor(a) y le dice a un paciente que tiene que operarlo en seguida. Él llama por teléfono a su familia y les da las malas noticias.

B. Dos alumnos inventarán un diálogo entre el médico y el paciente que aparecen en este dibujo, teniendo en cuenta lo aprendido en esta lección.

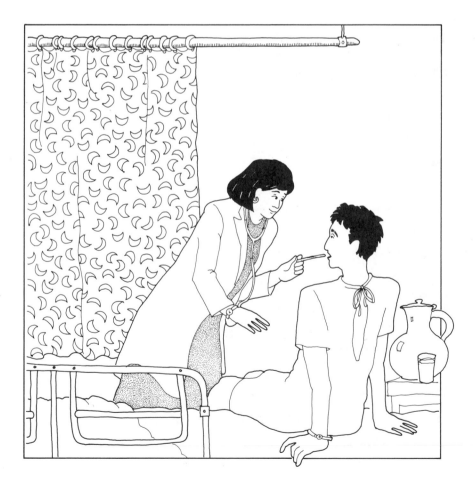

△▽△ **VI.   Escribamos o conversemos**

Según el plan que se le ofrece aquí, escriba Ud. una composición o dé una charla sobre el siguiente tema.

Título: La medicina en los Estados Unidos

I. *Introducción*

    A. Breve descripción de la medicina en este país
       1. ¿Es cara?
       2. ¿Es de calidad?
    B. ¿Cuáles son sus ventajas o desventajas?

II. *Desarrollo*

    A. ¿Cómo se podría mejorar la medicina en los Estados Unidos?
       1. (No) se debería socializar
       2. Cómo modificarla
    B. ¿Cuáles serían las ventajas o desventajas de socializarla?
    C. ¿Cuáles serían las modificaciones?
    D. ¿Cómo se podrían reducir los costos?

III. *Conclusión*

    A. Concluya resumiendo sus puntos de vista:
       1. Los médicos piensan solamente en hacerse ricos
       2. (No) se necesitan más médicos para que haya más competencia
       3. Debe haber menos especialistas

Advertencia: El Cirujano General Ha Determinado Que Fumar Cigarrillos Es Peligroso Para Su Salud.

Los medios de comunicación

OBJECTIVES

SITUATION: A group of young people meet in a café and talk about the media of communication.

VOCABULARY: You will learn terms that pertain to print and broadcast media.

NOTES OF INTEREST: The popularity of American television shows abroad, the custom of the *tertulia,* and the words *el radio* and *el televisor* are discussed.

ACTIVITIES: Your work in this chapter will enable you to talk about the media and their effect on society.

Conversación

ANA	—¿Alguién aquí vio "Inútil Sacrificio" anoche?
BEATRIZ	—Por supuesto, no me la perdería por nada del mundo.
ANA	—Es la mejor de todas las telenovelas que veo.
FRANCISCO	—No sé cómo pueden perder el tiempo. Solamente me interesa el noticiero.
PILAR	—Cada vez que enciendo el televisor lo tengo que apagar al instante, porque los programas están llenos de violencia.
ANDRÉS	—Sí, pero en la televisión también hay programas que entretienen mucho y hasta hay canales educativos.
BEATRIZ	—Lo único que yo suprimiera° fueran los anuncios. °leave out
FRANCISCO	—Sí, pero si no hubiera patrocinadores no habría cadenas de televisión.

MARIO	—No soy tan fanático de la tele como de la radio, pero a veces veo los concursos.
BEATRIZ	—Mario no puede vivir sin escuchar sus emisoras de "rock" y sin sus juegos electrónicos.
ANA	—Sí, se pasa la vida jugando al "Comecocos."°
ANDRÉS	—Lo que me gusta es leer la prensa.
PILAR	—Es que es tan deprimente° leer el periódico. Yo leo solamente la crónica social y los clasificados.
MARIO	—A mí me interesan la sección deportiva, los tebeos, la cartelera, y los titulares.
BEATRIZ	—Me gusta leer la primera plana, y me encantan las revistas con chismes.°
MARIO	—*(Riéndose)* De vez en cuando me gusta leer una revista pornográfica.
PILAR	—Parece mentira que leas esa basura.°
FRANCISCO	—Me parece que el gobierno debe censurar todos los medios de comunicación.
ANA	—Reaccionario!° ¡Entonces la gente nunca se enteraría de las cosas!
FRANCISCO	—Es que hay muchos periodistas, locutores y comentaristas que son muy irresponsables.
MARIO	—Es claro que hay sensacionalismo, pero la libertad de prensa es muy necesaria.
ANDRÉS	—Por favor, no den gritos.
ANA	—Sí, estamos en una tertulia y no en un partido de fútbol.
ANDRÉS	—Ya se está haciendo tarde. ¿Quién pagará la cuenta?
MARIO	—Hoy le toca a Francisco.
ANDRÉS	—De acuerdo. ¡Vámonos!

Margin glosses: Pac Man · depressing · gossip · trash · reactionary

△▽△ I. ¿Recuerda Ud.?

1. ¿Cuál era el tema de la tertulia de los jóvenes?
2. ¿Qué es "Inútil sacrificio"? Explique.
3. ¿Qué dice Pilar acerca de los programas de televisión?
4. ¿Qué opinión tiene Francisco de las telenovelas?
5. ¿Cuál es la opinión de Andrés tocante a la televisión?
6. ¿Qué es lo que más le gusta a Mario? ¿Por qué?
7. ¿Cuáles son las partes del periódico que le interesan a él?
8. Según Francisco, ¿qué debe hacer el gobierno? ¿Por qué?
9. ¿Están de acuerdo con Francisco, Ana y Mario? Explique.
10. ¿Quién pagó la cuenta? ¿Por qué?

Notas de interés

Except in Cuba, many American TV programs and movies are seen throughout the Spanish-speaking world. The TV programs are dubbed in Spanish, and movies are either dubbed or subtitled in Spanish.

The words **la televisión** and **la radio** refer to television and radio broadcasting in general; **el televisor** and **el radio** refer to the machines or instruments that receive broadcasts.

The **tertulia** is a social get-together characteristic of the Spanish-speaking world. Friends meet in a café or at someone's house for refreshments and conversation. In large metropolitan areas there are often organized **tertulias,** where particular topics such as politics, literature, or soccer are discussed. These gatherings may also be relatively formal, with experts leading the discussion.

Vocabulario Práctico

NOMBRES

el **anuncio**   commercial
la **cadena**   network
el **canal**   channel
la **cartelera**   entertainment section
el **clasificado**   classified ad
el (la) **comentarista**   newscaster
el **concurso**   contest
la **crónica social**   social page
la **emisora**   radio station
el **locutor, la locutora**   announcer
los **medios de comunicación**   the media
el **noticiero**   newscast
el **patrocinador**   sponsor
el (la) **periodista**   journalist
la **prensa**   press
la **primera plana**   front page
la **revista**   magazine
la **sección deportiva**   sports section
los **tebeos**   comics
la **tele**   TV
la **telenovela**   soap opera
el **titular**   headline

VERBOS

apagar   to turn off
encantar   to fascinate
encender   to turn on *(television)*
enterarse   to find out
entretener   to amuse, entertain

ADJETIVO

lleno(a)   full

MODISMOS Y EXPRESIONES ÚTILES

al instante   immediately
dar gritos   to scream
es claro que   it's obvious that
hacerse tarde   to get late
hasta hay   there's even
no me la perdería   I wouldn't miss it
parece mentira   it seems incredible
pasarse la vida   to spend the whole time
perder el tiempo   to waste time
por nada del mundo   for the world

△▽△ **II. Práctica del vocabulario**

A. Escoja el vocablo apropiado, haciendo cambios cuando sean necesarios:

patrocinador	noticiero	clasificado	cartelera
tebeos	periodista	titular	radio
emisora	apagar	encender	revista

1. Me gusta ver el .... de las siete de la noche.
2. Esa .... tiene artículos sobre la medicina.
3. Los .... importantes del periódico siempre están en la primera plana.
4. Él es mi .... favorito porque escribe muy bien.
5. Anoche al acostarme, ... el televisor.
6. Compré un .... por cien dólares.
7. Esas compañías son los .... del programa.
8. Siempre leo la .... en el periódico.
9. A los niños les gustan mucho los .... del periódico.
10. Escuché el programa en esa ....

B. Conteste en español las siguientes preguntas:

1. ¿Qué es la primera plana?
2. ¿Qué es la crónica social? Explíquela bien.
3. ¿Para qué sirve un clasificado? Dé varias ideas.
4. ¿Cuál es la diferencia entre el radio y la radio?
5. ¿Qué es una tertulia? Dé una explicación detallada.

C. Escriba una frase original usando cada una de las siguientes expresiones:

1. parece mentira
2. perder el tiempo
3. dar gritos
4. por nada del mundo
5. hacerse tarde

△▽△ III. Preguntas personales

1. ¿Cuáles son sus programas favoritos de televisión?
2. ¿Es Ud. un fanático o una fanática de las telenovelas? Si lo es, indique por qué.
3. ¿Cuál es su opinión sobre los juegos electrónicos?
4. ¿Le parece a Ud. que hay mucha violencia en los programas de televisión?
5. ¿Cree Ud. que la televisión es una cosa positiva o negativa? Explique.
6. ¿Cuáles son las secciones del periódico que lee Ud.? ¿Por qué?
7. ¿Qué clases de emisoras le gustan a Ud.?
8. ¿Le parece a Ud. que el gobierno debe controlar los medios de comunicación? Explique su respuesta.

△▽△ IV. Descripción del programa

1. ¿Ha visto Ud. algunos de los programas que aparecen aquí? ¿Cuáles?
2. Dé los nombres de algunas películas que aparecen aquí.
3. ¿Por qué cree Ud. que hay tantas telenovelas?
4. ¿A qué hora comienza el noticiero?
5. ¿Cuál de estos programas le gustaría ver a Ud.? ¿Por qué?

Programas
de Televisión

4:30
(2-12) Starsky & Hutch
(4-5) Hulk
(6-3) Titi Chagua
(7-11-38-58) Birdman
5:00
(7-11-38-58) Dibujando con Kiki
5:30
(2-12) Noticiario
(4-5-44) Noticentro 4
(6-3) Club 6
(7-11-38-58) Jabber Jaws

NOCHE
6:00
(6-3) Noti Seis
(7-11-38-58) Buenas Noches
6:30
(2-12) El Chavo
(4-5-44) Novela: "Rosa
...de lejos"
7:00
(2-12) Novela: "Laura
Guzmán culpable"
(4-5-44) Novela: "Poquita
cosa"
(6-3) Tríos en el Seis
(7-11-38-58) Estelares del
miércoles
7:30
(6-3) Frente al pueblo
8:00
(2-12) Show de Chucho
(4-5-44) Concierto

8:30
(4-5-44) Show Iris Chacón
(6-3) Hablemos
"¿Qué opinan los
jóvenes sobre
concursos de belleza
9:00
(2-12) Strike Force
(6-3) National Geographic
"Born Of Fire"
(7-11-38-58) Novela: "La
sombra"
9:30
(4-5-44) Calle 4
(6-3) The Giulini Concert
10:00
(2-12) Telenoticias
(4-5-44) Noticentro 4
(7-11-38-58) Cámara 7
10:30
(2-12) Cine: "Separate
Tables" con
Deborah Kerr
(4-5-44) Magazine
10:35
(4-5-44) Cine: "The Storm"
10:45
(7-11-38-58) Las carreras
11:00
(6-3) Noti Seis
11:15
(7-11-38-58) Journey To
Adventure

△▽△ V. Actividades

A. La clase se convertirá en un canal de televisión y todos los alumnos participarán en esta actividad. Algunos estarán a cargo del noticiero; otros harán una telenovela; varios se encargarán de los anuncios y otros participarán en un concurso televisado.

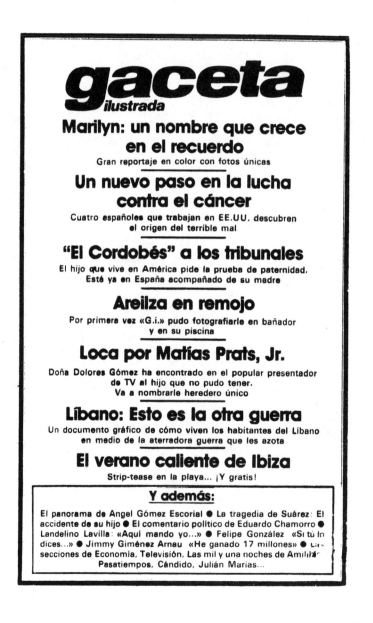

B. Identifique dos de los siguientes personajes y dé un breve informe biográfico sobre cada uno de ellos:

1. Walter Cronkite
2. Jack Anderson
3. Michael Jackson
4. Linda Ronstadt
5. William Randolph Hearst

6. Julio Iglesias
7. Howard Cosell
8. Barbara Walters
9. Geraldo Rivera
10. Plácido Domingo

△▽△ **VI. Escribamos o conversemos**

Trate Ud. de ser un buen periodista y entreviste a una persona de su comunidad. Luego prepare un informe oral o escrito sobre los resultados de su entrevista. Su informe debe cubrir los siguientes puntos.

Título: Una entrevista con...

I. *Introducción*

Dé una descripción general de la persona y el oficio que tiene en la sociedad.

II. *Desarrollo*

A. Antecedentes familiares
B. Su niñez, su juventud
C. Su educación
D. Sus previos trabajos o cargos
E. Sus ideas, intenciones, éxitos y obstáculos
F. Sus contribuciones a la sociedad

III. *Conclusión*

Dé un resumen de su entrevista y su opinión acerca de la persona.

En la librería

OBJECTIVES

SITUATION: You will follow the conversation of three students who go to a bookstore to buy some books they need.

VOCABULARY: You will learn words and phrases that are useful in discussing books and literature.

NOTES OF INTEREST: The cultural points considered are: the proper writing of book titles, the Spanish Royal Academy, Hispanic recipients of the Nobel Prize for literature, and the *peña literaria*.

ACTIVITIES: You will talk about literature, respected authors, and the factors that make a literary work great. To gain further insight into the art of writing, you will develop your own short story.

Conversación

DON JOSÉ	—Hola, jóvenes, ¿en qué puedo servirles?
RAMÓN	—Necesitamos comprar varios libros para nuestra clase de literatura.
DON JOSÉ	—¿Qué libros necesitan?
SERGIO	—Necesito dos libros de poesía y tres de cuentos.
RAMÓN	—Y yo quiero dos tomos de ensayos y un tomo de las comedias de Jardiel Poncela.°
SERGIO	—¿Tienen también el diccionario de la Real Academia Española?
DON JOSÉ	—Sí, está en ese estante. ¿Y Ud., señorita?
RAQUEL	—Solamente vine a curiosear.
DON JOSÉ	—En aquel librero hay varias novelas que puede hojear.

° 20th-century Spanish dramatist

RAQUEL   —*(Después de hojear las novelas.)* Señor, ¿tiene esta novela
en rústica?
DON JOSÉ   —No, se nos agotó en rústica y sólo tenemos dos ejemplares
en tela.
RAQUEL   —¿Sabe algo acerca de esta novela?
DON JOSÉ   —Solamente sé que la publicó una editorial muy prestigiosa.
SERGIO   —Debe ser pésima,° porque la portada es horrible.   terrible
RAMÓN   —Sergio, nunca juzgues un libro por su portada.
DON JOSÉ   —Ud. está en lo cierto. ¿Por qué no se quedan a escuchar la
peña literaria que tendremos en unos minutos?
RAQUEL   —Se me olvidaba que todos los sábados aquí hay una famosa
peña literaria. ¿Quiénes vendrán hoy?
DON JOSÉ   —Los de siempre: don Ricardo, don Gabriel y don Rafael.
SERGIO   —¿Quiénes son ellos?
DON JOSÉ   —Son tres grandes aficionados° de la literatura. Ahí vienen.   fans

△▽△ I. ¿Recuerda Ud.?

1. ¿Qué necesita comprar Sergio?
2. ¿Cuál es el diccionario que busca él?
3. ¿A qué vino Raquel a la librería?
4. ¿Por qué dice Sergio que la novela que quiere Raquel debe ser pésima?
5. ¿Qué le dice Ramón a Sergio? ¿Por qué?
6. ¿Qué ocurre todos los sábados? ¿Dónde?
7. ¿Quiénes son don Ricardo, don Rafael y don Gabriel?

(Los tres aficionados entran en la librería.)

DON JOSÉ   —Buenos días, señores literatos, estos jóvenes quieren
saber lo que opinan de esta novela.
DON RICARDO —Es una obra sin par.
DON RAFAEL   —Por encima de todo, está bien escrita.
DON GABRIEL —No sirve para nada.
DON RAFAEL   —¿Por qué dices eso?
DON GABRIEL —Porque tanto la trama como los personajes no están
bien desarrollados.
DON RAFAEL   —El desenlace es algo inesperado pero está bien escrita.
DON RICARDO —Sí, y tiene sentido y forma, que son las dos grandes
características de una buena obra.
DON GABRIEL —Pero no tiene ni tema ni valor universal.
DON RICARDO —¿Por qué te atreves a decir eso?

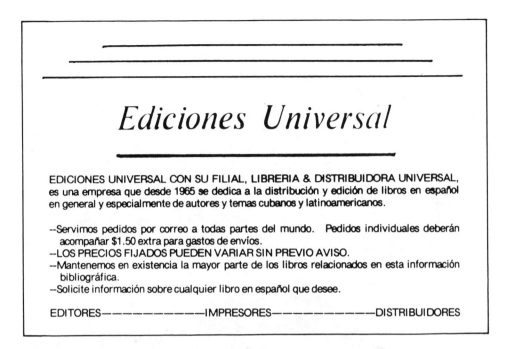

Ediciones Universal

EDICIONES UNIVERSAL CON SU FILIAL, LIBRERIA & DISTRIBUIDORA UNIVERSAL, es una empresa que desde 1965 se dedica a la distribución y edición de libros en español en general y especialmente de autores y temas cubanos y latinoamericanos.

--Servimos pedidos por correo a todas partes del mundo. Pedidos individuales deberán acompañar $1.50 extra para gastos de envíos.
--LOS PRECIOS FIJADOS PUEDEN VARIAR SIN PREVIO AVISO.
--Mantenemos en existencia la mayor parte de los libros relacionados en esta información bibliográfica.
--Solicite información sobre cualquier libro en español que desee.

EDITORES——————————IMPRESORES——————————DISTRIBUIDORES

DON GABRIEL	—Porque la he leído de cabo a rabo. Mira, ese escritor es un gran cuentista y un buen dramaturgo, pero como novelista no vale la pena leerlo.
DON RAFAEL	—Ese autor se ha ganado dos premios como novelista.
DON GABRIEL	—¡No me digas! Sus novelas son populares, pero eso no quiere decir que sea un buen novelista. Además, los críticos no sabían de la misa la media.
DON JOSÉ	—Señores, por favor, no se agiten.°

get excited

DON RICARDO	—Está bien, pero a la corta o a la larga esa obra perdurará, porque es una obra maestra.

△▽△ II. ¿Recuerda Ud.?

1. ¿Le gusta a don Ricardo la novela?
2. ¿Qué opina don Rafael? ¿Por qué?
3. Según don Gabriel, ¿por qué no sirve la novela para nada?
4. Según don Ricardo, ¿cuáles son las dos grandes características de una buena novela?
5. ¿Cuál es la opinión de don Gabriel acerca del escritor?
6. ¿Se ha ganado algún premio el novelista?
7. ¿Qué dice don Rafael sobre las novelas del autor y sobre los críticos?
8. ¿Qué dice don Ricardo al final de la peña literaria?

Notas de interés

In Spanish literature, only the first word of a book title is capitalized unless the title contains a proper name; thus, **Obras completas** but **Don Quijote de la Mancha.**

An elite group of scholars in all fields, the **Real Academia Española de la Lengua,** works to regulate the Spanish language. Every ten years or so, the **Real Academia** publishes an updated edition of its style-setting **Diccionario de la lengua española,** adding new Spanish words approved for general usage by the Academy's members.

A **peña literaria** is a group that meets regularly to discuss literary works and trends. Except for the fact that the group usually convenes at a bookstore rather than a café, it is similar to the **tertulia.**

Four Spanish writers and four Latin American writers have been awarded the Nobel Prize for Literature. The Spaniards are **José Echegaray** (1904), **Jacinto Benavente** (1922), **Juan Ramón Jiménez** (1956), and **Vicente Aleixandre** (1977). The Latin American writers are the Chileans **Gabriela Mistral** (1945) and **Pablo Neruda** (1971), the Guatemalan **Miguel Ángel Asturias** (1967), and the Colombian **Gabriel García Márquez** (1982), pictured below.

Vocabulario Práctico

NOMBRES

la **comedia**   play
el **cuentista**   short-story writer
el **cuento**   short story
el **desenlace**   climax *(literary work)*;
   conclusion
el **dramaturgo**   playwright
la **editorial**   publisher
el **ejemplar**   copy
el **ensayista**   essay writer
el **ensayo**   essay
el **escritor**   author
el **estante**   shelf
la **forma**   structure
el **librero**   bookshelf
el **literato**   literary expert
la **obra**   work *(artistic)*
la **obra maestra**   masterpiece
el **personaje**   character
la **poesía**   poetry
la **portada**   cover *(book)*
el **sentido**   meaning
el **tomo**   volume
la **trama**   plot
el **valor**   value

VERBOS

agotarse   to sell out

curiosear   to browse
hojear   to thumb through
perdurar   to endure
publicar   to publish

ADJECTIVOS

desarrollado(a)   developed
inesperado(a)   unexpected

MODISMOS Y EXPRESIONES ÚTILES

a la corta o a la larga   sooner or later
atreverse a decir   to dare to say
de cabo a rabo   from beginning to end
en rústica   paperback
en tela   hardcover
estar en lo cierto   to be right
lo que opinan   what your opinion is
los de siempre   the usual ones
¡no me digas!   really!
no saber de la misa la media   not to know
   beans
no servir para nada   to be good for nothing
por encima de todo   above all
sin par   incomparable
valer la pena   to be worthwhile

△▽△ **III.   Práctica del vocabulario**

A. Complete las frases con la forma correcta de las siguientes palabras:

desenlace	**perdurar**	**sentido**	**editorial**
hojear	**portada**	**ejemplar**	**escritor**
obra	**trama**	**estante**	**desarrollado**

1. Los personajes femeninos de esa novela están bien ....
2. Compré esos dos .... por diez pesos.
3. No me gustaban los libros que estaban en el ....
4. La .... de ese libro es roja.
5. No me gustó el .... inesperado de la novela.
6. Gabriela Mistral y Cervantes son grandes ....
7. *Don Quixote* es una .... interesantísima.
8. La D. C. Heath es una .... muy prestigiosa.
9. Cuando llegó a la librería, ... varios libros.
10. En mi clase de español daremos un informe sobre la .... de esa novela.

B. Conteste en español las siguientes preguntas:

1. ¿Cuál es la diferencia entre un cuento y una novela?
2. ¿Qué es un ensayo? Dé una buena explicación.
3. ¿Qué es una peña? Explique bien su respuesta.
4. ¿Cuál es la diferencia entre la trama y el tema de una obra?
5. ¿Qué es La Real Academia Española de la Lengua?

C. Complete las siguientes oraciones con la expresión apropiada de la siguiente lista, haciendo cambios cuando sean necesarios:

estar en lo cierto	por encima de todo
no servir para nada	a la corta o a la larga
sin par	los de siempre

1. La novela de ese escritor es una novela ....
2. Los cuentos de Ricardo ....
3. El profesor siempre ....
4. .... yo aprenderé a hablar español.
5. Él es simpático, inteligente y .... un buen estudiante.

△▽△ **IV.   Preguntas personales**

1. ¿Le gustaría a Ud. ser un escritor famoso? Explique.
2. ¿Quién es su escritor favorito? ¿Por qué?
3. ¿Qué tipos de libros le gustan más a Ud.? Explique por qué.
4. ¿Cuántos libros lee Ud. a la semana? ¿Al mes? ¿Al año?
5. ¿Cuál es su definición de un buen libro? Dé algunos ejemplos.
6. ¿Cuáles son las ventajas de estudiar literatura?
7. ¿Piensa Ud. que para que una obra perdure necesita tener valor universal? Explique.
8. ¿Le gustaría trabajar en una librería? Explique.

△▽△ **V.   Descripción de la foto**

1. ¿Cuántas personas ve Ud.? Describa dos o tres de ellas.
2. ¿Qué está hojeando el muchacho de la chaqueta de cuero?
3. ¿La mayor parte de los libros son en tela o en rústica? ¿Cómo lo sabe Ud.?
4. ¿Compraría Ud. algunos de los libros que ve aquí o no? Diga por qué sí o por qué no.
5. ¿Qué estación del año será y por qué cree Ud. eso?

△▽△ **VI. Actividades**

A. Dé un breve informe sobre tres de estos escritores de la literatura española e his-
panoamericana.

Miguel de Cervantes	Sor Juana Inés de la Cruz
Lope de Vega	José Martí
Benito Pérez Galdós	Gabriela Mistral
Federico García Lorca	Carlos Fuentes
Ana María Matute	Jorge Luis Borges

B. Invente un breve cuento sobre alguna sorpresa en su vida. Presénteselo al resto de los
alumnos en su clase o grupo.

△▽△ **VII. Escribamos o conversemos**

Lea Ud. un cuento en español y haga un informe oral o escrito a base de las preguntas
que aquí se le proponen. Concluya dando su opinión personal del cuento.

Título: Un análisis de...

I. *Introducción*
   A. Dé un breve resumen de la vida del autor.
   B. Dé un breve resumen de la trama.
   C. ¿Cuál es el tema del cuento?

II. *Desarrollo*
   ¿Es un cuento realista, romántico, psicológico, etc.? ¿Tiene más importancia la
   acción o los personajes? ¿Están bien desarrollados los personajes? ¿Cuál es más
   importante, el diálogo o la descripción? Qué elementos estilísticos emplea el
   autor? ¿Usa metáforas e imágenes? ¿Cómo es su técnica? ¿Cómo es el lenguaje?
   ¿Tiene el cuento un desenlace lógico o inesperado?

III. *Conclusión*
   Dé su opinión personal del cuento.

En el salón de belleza y en la barbería

OBJECTIVES

SITUATION: María García goes to the hairdresser, while her husband Pepe goes to the barber shop.

VOCABULARY: You will learn terms and expressions related to hair care and personal grooming.

NOTES OF INTEREST: You will examine the frequent use of religious exclamatory expressions and learn some common nicknames and the significance of the barber in an Hispanic town.

ACTIVITIES: After completing this chapter you will be able to talk about getting your hair done, and you will also be able to make an appointment with a barber or a beautician.

Conversación

MARÍA   —Pepe, necesito que me lleves al salón de belleza.

PEPE   —Sí, mi amor.° Yo también necesito ir a cortarme el pelo en   darling
        la barbería de "Coquito," que está cerca del salón.

MARÍA   —Bueno, vamos, que ya se hace tarde.

(Pepe deja a María en el salón de belleza.)

MARÍA   —Hola, ¿cómo está mi peluquera favorita?

ALICIA —Muy bien, ¿y la familia?

MARÍA   —Bien, gracias a Dios.

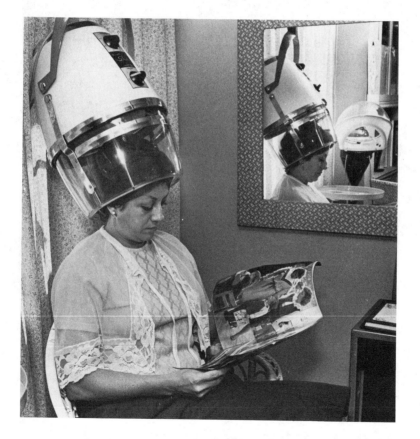

ALICIA —Quieres el peinado de siempre, ¿verdad?

MARÍA —No, estoy cansada de tener el pelo lacio y como quiero estar a la moda, hazme° un permanente.

give me

ALICIA —¿También te vas a teñir el pelo?

MARÍA —Sí, ya tengo algunas canas.

ALICIA —¿Qué color de tinte quieres?

MARÍA —Aunque soy trigueña, tíñeme de rubia.

ALICIA —Cuando Pepe te vea teñida de rubia y con un permanente o se quedará turulato o pegará el grito en el cielo.

MARÍA —No, él no tiene malas pulgas.

ALICIA —*(Lavándole la cabeza.)* Oye, María, tienes un poco de caspa y el pelo algo seco.

MARÍA —Es que el champú que uso es pésimo.

ALICIA —No te preocupes, antes de enjuagarte el pelo te pondré un acondicionador que es maravilloso. Luego, te pondré el rizador y te secaré el pelo.

MARÍA —No quiero estar mucho tiempo en el secador, porque Pepe viene a buscarme dentro de poco.

△▽△ I. ¿Recuerda Ud.?

1. ¿Cómo se llama la peluquera de María?
2. ¿De qué está cansada María y qué quiere ella que le haga Alicia?
3. ¿Por qué quiere teñirse el pelo María?
4. ¿Cuál es el color del pelo de María?
5. ¿De qué color la teñirá Alicia?
6. ¿Por qué dice Alicia que Pepe dará el grito en el cielo cuando vea a su esposa?
7. ¿Cuál es el problema que tiene María con el pelo?

(Mientras María está en el salón de belleza, Pepe llega a la barbería de "Coquito.")

PEPE —¡Hola! ¿Qué hay de nuevo?

"COQUITO" —Hola, Pepe, ¿dónde has estado? Hacía tiempo que no venías. Acaso, ¿me estabas dando de lado?

PEPE —Es que estaba muy ocupado.

"COQUITO"　—Se nota, porque tienes el pelo tan largo y tan crespo como un jipi. Siéntate, que tan pronto como termine con Ernesto te atenderé.

ERNESTO　—Será rápido, Pepe, porque estoy casi calvo.

"COQUITO"　—Sí, Ernesto tiene que comprarse una peluca.

PEPE　—Es que Ernesto usa mucha brillantina.

ERNESTO　—No, es que en mi familia todos son calvos.

"COQUITO"　—Bueno, Pepe, súbete al° sillón.　　　　climb onto

ERNESTO　—"Coquito," no te olvides de ponerle el delantal a Pepe.

"COQUITO"　—¿Cómo quieres el corte de pelo?

PEPE　—Lo quiero bien corto y con la raya a la izquierda.

"COQUITO"　—Te voy a teñir de rubio.

PEPE　—Por favor, no me tomes el pelo.

"COQUITO"　—¿Quieres que te afeite?

PEPE　—Sí, y me recortas un poco el bigote y las patillas.

ERNESTO　—Oye "Coquito," ¿por qué te pusieron ese apodo?°　　　nickname

"COQUITO"　—Porque cuando era joven le corté tanto pelo a un cliente que lo dejé al coco.

PEPE　—"Coquito," ¿cuándo abrirás una barbería con equipos modernos?

"COQUITO"　—Yo no entiendo ni jota de esos equipos y con lo que tengo voy tirando.

ERNESTO　—Lo único que él necesita es un par de tijeras, un peine, una navaja, una brocha y la vieja maquinilla para cortar, ¿verdad?

PEPE　—Y buenos clientes como nosotros.

"COQUITO"　—*(Terminando de pelar a Pepe.)* Estás como nuevo.

ERNESTO　—¿No te quedas a conversar un rato?

PEPE　—No, tengo que recoger a María, pero otro día vendré con más tiempo. ¡Hasta pronto!

△▽△　II. ¿Recuerda Ud.?

1. ¿Quién es "Coquito"? Explique.
2. Según "Coquito," ¿cómo tiene Pepe el pelo?
3. ¿Por qué dice "Coquito" que Ernesto tendrá que comprarse una peluca?
4. Además de un corte de pelo, ¿qué otras cosas pidió Pepe?
5. ¿Cuál es la opinión de "Coquito" tocante a los equipos modernos?
6. ¿Cuáles son algunos instrumentos que usa "Coquito"?
7. ¿Cómo obtuvo "Coquito" su apodo? Explique.
8. ¿Por qué no puede Pepe quedarse a conversar en la barbería?

Notas de interés

Common usage of the expressions **Gracias a Dios** and **A Dios gracias** *(Thank God)*, as well as **Dios lo quiera, Dios mediante,** and **Si Dios quiere** *(God willing),* illustrates the importance of Christian religion in the Spanish heritage.

    Apodos *(nicknames)* are very much a part of Hispanic culture. Examples are **Pepe** for José, **Pancho** for Francisco, **Paca** for Francisca, and **Chavela** for Isabel. Some individuals receive a nickname in childhood because of a personal characteristic that may be seen as negative. Thus someone with kinky hair may be teased with the name **Borrego** *(lamb).*

    In the small towns and villages of Spain and Spanish America, the local barbershop is an important gathering place for men. **El barbero** is a great favorite, since he usually knows the latest news and gossip and loves to share it with customers.

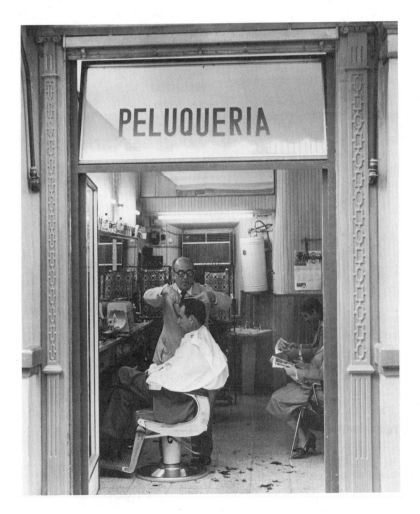

Vocabulario Práctico

NOMBRES

el **acondicionador** conditioner
la **barbería** barbershop
el **bigote** moustache
la **brillantina** hair oil
la **brocha** shaving brush
las **canas** gray hair
la **caspa** dandruff
el **corte de pelo** haircut
el **champú** shampoo
el **delantal** apron
el **jipi** hippie
la **maquinilla para cortar** clippers
la **navaja** straight razor
la **patilla** sideburn
el **peinado** hairdo
el **peine** comb
la **peluca** wig
la **peluquera** beautician
la **raya** part *(hair)*
el **rizador** curling rod
el **salón de belleza** beauty parlor
el **secador** dryer
el **sillón** barber's chair
las **tijeras** scissors
el **tinte** dye

VERBOS

afeitar to shave
enjuagar to rinse
lavar to wash

pelar to crop *(hair)*
recortar to trim
secar to dry
teñir to dye

ADJETIVOS

calvo(a) bald
corto(a) short
crespo(a) curly
lacio(a) straight
largo(a) long
rubio(a) blond
seco(a) dry
trigueño(a) brunette

MODISMOS Y EXPRESIONES ÚTILES

cortarse el pelo to get a haircut
dar de lado to abandon
dejar al coco to leave bald-headed
dentro de poco shortly
estar a la moda to be fashionable
ir tirando to get along
no entender ni jota de not to know a damn
   thing about
pegar el grito en el cielo to raise the roof
quedarse turulato to be stunned
tener malas pulgas to have a bad temper
tomar el pelo to pull someone's leg

△▽△ **III.   Práctica del vocabulario**

A. Complete las frases con la forma correcta de los siguientes vocablos:

trigueño	**cana**	**enjuagar**	**secar**
caspa	**peluquera**	**calvo**	**delantal**
apodo	**patilla**	**bigote**	**navaja**

1. Me tiño el pelo porque tengo muchas ....
2. Juan compró una peluca porque es ....
3. Mi madre va al salón de belleza de esa ....
4. "Flecha" es el .... de mi hermano.
5. No me gustan las rubias sino las ....
6. Siempre me .... el pelo con agua.
7. Por favor, ... el pelo a Luisa con un secador.
8. Ella tiene .... y necesita un buen champú.
9. Por favor, recórteme las ....
10. El barbero me puso un .... antes de cortarme el pelo.

B. Seleccione la palabra más apropiada para completar el significado de la frase:

1. No te pongas tanta .... en el pelo.
   brillantina   delantal   peluca

2. No me gustan los hombres con .... largos.
   bigotes   pelo   patillas

3. Solamente necesito un par de .... para cortarle el pelo.
   brochas   maquinilla para cortar   tijeras

4. Ella usó un .... para hacerse un permanente.
   rizador   peine   tinte

5. No quiero que me afeite con esa ....
   barbería   navaja   peine

C. Complete las siguientes oraciones con las expresiones apropiadas que aparecen en la lista, haciendo cambios cuando sean necesarios:

dentro de poco
ir tirando
quedarse turulato
tener malas pulgas
dejar al coco
tomar el pelo

1. Yo nunca les .... a mis amigos.
2. No hables tan alto porque el profesor ....
3. Él .... cuando le dijeron que había suspendido el examen.
4. Yo no tengo mucho dinero pero ....
5. Terminaremos la clase ....

△▽△ **IV. Preguntas personales**

1. ¿Cree Ud. que Pepe pegará el grito en el cielo cuando vea a su señora? Explique.
2. ¿Se tiñe Ud. el pelo? ¿Por qué sí o por qué no?
3. ¿Cuándo va Ud. a la barbería o al salón de belleza?
4. ¿Cuánto le cobran por un corte de pelo o por un peinado?
5. ¿Con qué se afeita Ud.? ¿Por qué?
6. ¿Cuál es su opinión sobre los hombres que se dejan el pelo largo?
7. ¿Cuál es su apodo? Trate de traducirlo al español.
8. ¿Le gustaría a Ud. ser barbero o peluquera? Explique.

△▽△ V. Descripción del dibujo

1. Describa por qué esto es una barbería y no un salón de belleza.
2. ¿Cuántos clientes hay? Describa a cada uno.
3. Describa lo que le está haciendo el barbero de la izquierda al señor.
4. ¿Qué tiene en la mano izquierda el barbero? ¿En la derecha?
5. ¿Por qué tiene puesto un delantal cada señor?

△▽△ VI. Actividades

A. La clase se convertirá en un salón de belleza "Unisex." Cada estudiante debe escoger el papel de barbero, peluquera o cliente. Cada cliente tendrá que reservar un turno, y cuando llegue le explica al barbero o a la peluquera lo que quiere, o tendrá una discusión con el barbero o la peluquera porque no lo (la) dejó bien. En ambos casos el barbero o la peluquera le responderá al (a la) cliente según se vea obligado.

B. Complete el siguiente diálogo:

SAULITO —¿Oigo?
CÁNDIDO —...
SAULITO —Habla Saulito el barbero.
CÁNDIDO —...
SAULITO —Puede venir a las tres de la tarde.
CÁNDIDO —...
SAULITO —Cuesta siete dólares.
CÁNDIDO —...
SAULITO —No señor, no les damos descuento a los calvos.
CÁNDIDO —...
SAULITO —¿Teñirse de rubio? Pero si Ud. dice que es calvo...
CÁNDIDO —...
SAULITO —¿Teñir su peluca?
CÁNDIDO —...
SAULITO —Mire, señor, no me tome al pelo porque estoy muy
          ocupado. Adiós.

△▽△ VII. Escribamos o conversemos

Tenga Ud. en cuenta el siguiente plan y escriba una composición o haga un informe sobre el tema que se le ofrece para dicho ejercicio.

Título: Pelo largo, pelo corto o individualismo

  I. *Introducción*
     Para mí la palabra individualismo significa...

 II. *Desarrollo*
     A. Virtudes del individualismo
     B. Desventajas del individualismo
     C. Las características de un individuo
        1. contradictorio
        2. independiente
        3. expresivo
        4. seguro de sí mismo
     D. Grandes individualistas y sus contribuciones a la sociedad

III. *Conclusión*
     El individualismo es un derecho inalienable del ser humano.

Un asalto

OBJECTIVES

SITUATION: Eduardo and Mabel, a married couple, are on their way to the theater when they are detained by two men of questionable character and mugged. Their story continues in the next chapter.

VOCABULARY: You will learn some street jargon and some expressions appropriate to dealing with criminal incidents.

NOTES OF INTEREST: The various forms of police protection that currently exist in Spanish-speaking countries are discussed.

ACTIVITIES: Your work in this chapter will enable you to talk about crime, to report a crime, and to answer questions that might be asked in the event of your involvement with a crime.

▽△▽△▽△▽△▽△▽△▽△▽△▽△▽△▽△▽△▽△▽△▽△▽△▽△▽

Conversación

MABEL	—Eduardo, ya son las once menos cinco y la función° comienza a las once.
EDUARDO	—Vamos por ese callejón y así ahorraremos tiempo.
MABEL	—*(En el callejón)* Este callejón está como la boca de un lobo.
EDUARDO	—No te preocupes.

(De pronto aparecen dos ladrones y los encañonan con una pistola.)

LADRÓN UNO	—¡Manos arriba!
LADRÓN DOS	—Dénos todo.
EDUARDO	—No tenemos nada.
LADRÓN UNO	—*(Riéndose)* No andamos con jueguitos.
LADRÓN DOS	—*(A Eduardo)* Entrégueme todo su dinero.
LADRÓN UNO	—*(A Mabel)* Y usted, no se haga la tonta y déme las joyas.°
MABEL	—Pero, señor, mire que esas joyas eran de mi madre.
LADRÓN UNO	—*(Riéndose locamente.°)* Ahora son nuestras.
LADRÓN DOS	—*(Empujándolos.)* Cuidadito con gritar.

performance

jewels

madly

(Después que huyen los ladrones, Eduardo y Mabel ven venir a un policía y comienzan a gritar.)

MABEL	—¡Auxilio! ¡Socorro!
EDUARDO	—¡Vigilante! ¡Atájenlos!
VIGILANTE	—¿Qué pasó?
MABEL	—Dos malhechores nos asaltaron.
VIGILANTE	—Iré tras ellos. Mientras tanto, vayan a la comisaría.

△▽△ I. ¿Recuerda Ud.?

1. ¿Adónde iban Eduardo y Mabel?
2. ¿Por qué fueron por un callejón?
3. ¿Quiénes aparecen en el callejón?
4. ¿Qué les hicieron los ladrones? Explique.
5. ¿Qué hicieron Eduardo y Mabel después que huyeron los ladrones?
6. ¿Quién vino a ayudarlos?
7. ¿Qué les dijo el vigilante?

VIGILANTE	—*(En la comisaría.)* ¿Qué les pasa?
EDUARDO	—Hemos sido víctimas de un crimen y venimos a hacer la denuncia.
VIGILANTE	—Pasen al despacho de nuestro jefe, el teniente Servático.
TTE. SERVÁTICO	—Cálmense un poco. A ver, ¿qué les ocurrió?
EDUARDO	—Nos topamos con dos malhechores en un callejón. Ellos nos atracaron y se fugaron.
TTE. SERVÁTICO	—*(Enfadado.)* Ya les hemos dicho a los ciudadanos° que no caminen por los callejones.
MABEL	—*(Llorando°.)* Eso fue lo que le dije a mi marido.
TTE. SERVÁTICO	—¿Qué les robaron?
EDUARDO	—Las joyas de mi señora y mi dinero.
TTE. SERVÁTICO	—¿Podrían darme una descripción de los asaltantes?
MABEL	—*(Sollozando.°)* Uno era bajo, y el otro tenía una cicatriz° en el rostro.°
EDUARDO	—El de la cicatriz solamente tenía un diente y se reía a todo trapo.
TTE. SERVÁTICO	—¿Cómo estaban vestidos?
EDUARDO	—No recuerdo.
TTE. SERVÁTICO	—¿Los lastimaron a ustedes?
EDUARDO	—Nos empujaron a mano armada y estamos vivos de milagro.
TTE. SERVÁTICO	—Estoy seguro que son "Tico" y "Tuco", dos pillos con una gran lista de delitos. Le daré este caso a nuestro mejor detective, el sargento Vázquez.
MABEL	—Y ahora, ¿qué hacemos?
TTE. SERVÁTICO	—Vayan a casa en la patrullera y descansen un poco.
EDUARDO	—¿Cree que Vázquez los pueda agarrar?
TTE. SERVÁTICO	—Primero, tendrá que hallarle la pista, pero pronto les pondrá las esposas.
MABEL	—Espero que aprehenda a esos malvados.

Glosses (right margin):
- ciudadanos° — citizens
- Llorando° — crying
- Sollozando° — sobbing
- cicatriz° / rostro° — scar / face

△▽△ **II. ¿Recuerda Ud.?**

1. ¿Por qué fueron Eduardo y Mabel a la comisaría?
2. ¿Cómo se llama el jefe?
3. ¿Qué les ha dicho la policía a los ciudadanos?
4. ¿Por qué lloraba Mabel? Explique bien su respuesta.
5. ¿Cómo eran los ladrones? Descríbalos.
6. ¿Quiénes son "Tico" y "Tuco"?
7. ¿Quién es el sargento Vázquez?
8. ¿Qué tendrá que hacer el sargento Vázquez para agarrar a los pillos?

Notas de interés

The word **policía** in Spanish has two different meanings. **El policía** is an individual policeman; **la policía** usually means the police force, but it can also refer to a policewoman. In most Spanish-speaking countries the local police are called **carabineros.**

Generally rural areas are patrolled by a **guardia rural,** and cities are protected by **la policía.** In Spain the members of the **Guardia Civil,** a much feared paramilitary police force created in the nineteenth century, are seen in both urban and rural areas. The **guardias** always move in pairs, frequently carry rifles or machine guns, and wear distinctive tri-cornered patent-leather hats.

Vocabulario Práctico

NOMBRES

el **asaltante** assailant
el **callejón** alley
la **comisaría** police station
el **crimen** criminal offense
el **delito** crime
la **denuncia** criminal report
las **esposas** handcuffs
el **ladrón** thief
el **malhechor** hoodlum
el **malvado** villain
la **patrullera** squad car
el **pillo** crook
la **pista** trail
el **teniente** lieutenant
el **vigilante** policeman

VERBOS

agarrar to capture
aprehender to arrest
atracar to hold someone up
empujar to shove
encañonar to point (gun)
fugarse to escape

gritar to scream
hallar to find
huir to flee
lastimar to hurt

ADJETIVOS

peligroso(a) dangerous

MODISMOS Y EXPRESIONES ÚTILES

¡apúrate! hurry up!
¡atájenlos! stop them!
¡auxilio! help!
andar con jueguitos to be kidding
como la boca de un lobo dark and dangerous
cuidadito con gritar be careful not to scream
hacerse el tonto to play dumb
ir tras to go after
¡manos arriba! hands up!
reírse a todo trapo to laugh uncontrollably
¡socorro! help!
toparse con to run into
vivos de milagro lucky to be alive

III. Práctica de vocabulario

A. Ponga la forma correcta de los siguientes vocablos:

aprehender	teniente	comisaría	delito
peligroso	pista	patrullera	pillo
callejón	lastimar	huir	esposas

1. Le pusieron las .... al ladrón porque era muy peligroso.
2. Anoche el vigilante .... al malvado.

3. No me gusta caminar por esos ....
4. Al Capone fue un .... muy famoso.
5. Hice la denuncia en la ....
6. Los asaltantes habían cometido varios ....
7. Esos dos malvados son muy ....
8. Necesitamos hallarle la .... al ladrón.
9. Los ladrones .... antes de que viniera el vigilante.
10. No fui a casa en mi coche sino en una ....

B. Seleccione la palabra del grupo B que más se asocie a la del grupo A:

A	B
policía	aprehender
pillo	delito
agarrar	vigilante
fugarse	huir
crimen	malhechor
	patrullera

C. Complete las siguientes oraciones con las expresiones apropiadas que aparecen en la siguiente lista, haciendo cambios cuando sean necesarios:

como la boca de un lobo
¡auxilio!
andar con jueguitos
¡manos arriba!
hacerse el tonto
toparse con

1. El profesor no .... cuando nos da un examen.
2. Juan es muy inteligente aunque a veces ....
3. Anoche la calle estaba ....
4. Me están asaltando, ...
5. El ladrón gritó ....

direcciones y servicios útiles
useful addresses and facilities
adresses et services utiles
adressen und nützliche dienste

LLAMADAS URGENTES

Ambulancias. Tel. 2523264.
Bomberos. Tel. 2323232.
Centro Quemados Cruz Roja. Tel. 2445207.
Farmacias de Guardia. Tel. 098.

Guardia Municipal. Tel. 092.
Instituto Nacional de Cardiología. Tel. 2478403.
Juzgado de Guardia. Tel. 2792522.
Policía. Tel. 091.
Servicio Central Urgencia Médica. Tel. 2616199.
Urgencia Médica Seguridad Social La Paz''. Tel. 7345500.

* *

CASAS DE SOCORRO

Bravo Murillo, 357. Tel. 2791223. Metro: Valdeacederas.
Gobernador, 39. Tel. 2391460. Metro: Atocha.
Santa Engracia, 162. Tel. 2330330. Metro: Cuatro Caminos.
Navas de Tolosa, 10. Tel. 2210025. Metro: Callao.
Rafael Calvo, 6. Tel. 4457049. Metro: Iglesia.
Ribera de Curtidores, 2. Tel. 2650867. Metro: La Latina.
Vallehermoso, 1. Tel. 4462675. Metro: San Bernardo.

* *

OBJETOS PERDIDOS

En Autobuses y Microbuses de la E. M. T. Durante los primeros 20 días,
    en la calle Alcántara, 26. Tel. 4013100. Metro: Goya.
En Taxis. Durante los primeros 20 días, en la plaza de Chamberí, 4. Telé-
    fono 4487926. Metro: Rubén Darío.
En la Vía Pública. Durante un mes o más, en las Oficinas de las Juntas
    Municipales de Distritos.

En estos tres casos, pasados dichos días, se trasladan definitivamente al
''Almacen de Objetos Perdidos'', en la calle Santa Engracia, 120. Tel. 4410211.
Metro: Ríos Rosas, donde se pueden reclamar durante dos años.

En el Metro. Pueden recogerse en la estación de Cuatro Caminos. Teléfo-
    no 2332000.
En los Grandes Almacenes. Los tienen depositados en Dirección.

△▽△ **IV.   Preguntas personales**

1. ¿Cuáles son algunos ejemplos que indican que el asalto ocurrió en un país hispano y no en los Estados Unidos?
2. ¿Cree Ud. que el sargento Vázquez podrá aprehender a los pillos?
3. ¿Qué haría Ud. con ladrones como "Tico" y "Tuco"?
4. ¿Cuáles son algunas precauciones que toma Ud. cuando sale de noche?
5. ¿Conoce Ud. a alguien que haya sido víctima de un asalto? Explique lo ocurrido.
6. ¿Opina Ud. que el gobierno debería de parar la venta de armas al público?
7. ¿Cuál es su opinión acerca de la policía?
8. ¿Le gustaría ser policía? ¿Es peligroso? Explique por qué.

△▽△ V. Descripción del dibujo

1. ¿Dónde están los señores que aparecen en el dibujo?
2. Describa Ud. al policía que está sentado.
3. ¿A quién trajo el policía que está de pie? Descríbalo.
4. ¿Opina Ud. que el señor es un criminal peligroso?
5. ¿Qué crimen habrá cometido él? ¿En qué basa su respuesta?

△▽△ VI. Actividades

A. Imagine ser el sargento Vázquez. Describa Ud. su plan para aprehender a "Tico" y a "Tuco." Otros alumnos le harán preguntas sobre la lógica de su plan.

B. Complete el siguiente diálogo:

SEÑORA	—¡Auxilio! ¡Socorro! ¡Atájenlos!
VIGILANTE	—...
SEÑORA	—Tres malhechores jóvenes me atracaron.
VIGILANTE	—...
SEÑORA	—Me robaron mi bolso.
VIGILANTE	—...
SEÑORA	—No, sólo me empujaron.
VIGILANTE	—...
SEÑORA	—Los tres tenían el pelo corto y verde.
VIGILANTE	—...
SEÑORA	—Todos tenían pantalones amarillos y camisas rojas y zapatos de plástico.
VIGILANTE	—...
SEÑORA	—¿Por qué tengo que ir a la comisaría?
VIGILANTE	—...
SEÑORA	—Y Ud., ¿qué hará?
VIGILANTE	—...
SEÑORA	—¡Cómo! Ud. dice que los ladrones son sus hijos. ¡Auxilio! ¡Socorro!

△▽△ VII. Escribamos o conversemos

Escriba Ud. una composición o dé un informe tocante al tema del crimen en los Estados Unidos, siguiendo el modelo aquí abajo.

Título: El crimen en los Estados Unidos

  I. *Introducción*
    A. Defina lo que es un criminal.
    B. Dé algunas estadísticas sobre el aumento del crimen en este país, su estado, o la ciudad donde vive.

  II. *Desarrollo*
    A. Causas que contribuyen al aumento del crimen:
      1. la pobreza
      2. el desempleo
      3. las drogas
      4. la falta de educación
      5. la falta de estímulo personal
    B. ¿Cómo se podría resolver el problema del crimen en los Estados Unidos?

  III. *Conclusión*
    ¿Se podrá reducir el crimen?

En el juzgado

OBJECTIVES

SITUATION: In this chapter you will read about the trial of "Tico" and "Tuco," who robbed Eduardo and Mabel.

VOCABULARY: You will learn some legal terms.

NOTES OF INTEREST: The basic differences between the system of justice in Spanish-speaking countries and that in the United States are outlined. You will also study several terms used in the legal professions.

ACTIVITIES: You will be prepared to talk generally about the concept of justice and particularly about the testimony and arguments used in court trials.

△▽△▽△▽△▽△▽△▽△▽△▽△▽△▽△▽△▽△▽△▽△▽△▽△▽△▽
Conversación

JUEZ FLORES	—Según el expediente, se acusa a los señores Ángel y Justo Iglesias de haber asaltado a los esposos Eduardo y Mabel Hernández. ¿Están ellos en la sala del tribunal?
ALGUACIL	—Sí, señor, y también están el abogado defensor, el fiscal y los acusados.
JUEZ FLORES	—Muy bien. El matrimonio Hernández puede declarar.

(Mabel y Eduardo dan su testimonio.)

JUEZ FLORES	—¿No hay más testigos?	
LIC.° MARTÍNEZ	—Sí, señor Juez. Aquí está el señor Manuel Vega.	*licenciado*
JUEZ FLORES	—Señor Vega, venga a declarar.	
SR. VEGA	—Yo venía por el callejón cuando vi que los señores que se encuentran en el banquillo de los acusados asaltaron al matrimonio.	
LIC. SOLÍS	—¿Está Ud. seguro que eran ellos?	
SR. VEGA	—Sí, lo estoy.	
LIC. SOLÍS	—¿Por qué no fue a la comisaría a dar parte?	
SR. VEGA	—No quería decir ni pío porque tenía miedo.	
LIC. SOLÍS	—¿Por qué lo hace ahora?	
SR. VEGA	—Porque es la ley y es mi deber.	
LIC. SOLÍS	—Señor Juez, el testimonio del señor Vega no viene al caso.	
JUEZ FLORES	—Ya puede marcharse,° señor Vega.	*step down*
LIC. MARTÍNEZ	—Señor Juez, deseo presentar el caso.°	*make an opening statement*
JUEZ FLORES	—Muy bien, señor fiscal.	
LIC. MARTÍNEZ	—Señor Juez, los señores Iglesias no sólo asaltaron al matrimonio Hernández sino que tienen una hoja criminal muy extensa.	
JUEZ FLORES	—Explique.	
LIC. MARTÍNEZ	—Justo Iglesias, por ejemplo, fue condenado° a la pena capital por incendio premeditado, secuestro y violación.	*was condemned*
MABEL	—*(En voz baja)* Es una lástima que hayan derogado la pena capital.	
LIC. SOLÍS	—Protesto, ese alegato no viene al caso.	
JUEZ FLORES	—Continúe, Licenciado Martínez.	

LIC. MARTÍNEZ	—En cuanto a su hermano Ángel, fue prófugo de la cárcel municipal, y después fue reo en el presidio por delito de chantaje.
LIC. SOLÍS	—*(Asesorando a los acusados)* Señor Juez, mis clientes desean declarar.
JUEZ FLORES	—Muy bien, pero antes haremos un receso.

△▽△ I.   ¿Recuerda Ud.?

1. ¿Cuáles son los verdaderos nombres de "Tico" y "Tuco"?
2. ¿Quién es Manual Vega y qué vio él? Explique.
3. ¿Quiénes se encontraban en el banquillo?
4. ¿Por qué no fue a dar parte a la comisaría el señor Vega?
5. ¿Quién es el abogado defensor?
6. ¿Cómo se llama el fiscal?
7. ¿Cuáles son algunos de los delitos cometidos por "Tico" y "Tuco"?

(Después del receso)

"TICO"	—Es verdad que fuimos reclusos pero nos conmutaron° la condena por buena conducta y ahora estamos en libertad condicional.	commuted
"TUCO"	—Ahora estamos bajo fianza.	
"TICO"	—Sí, somos muy buenos. Fíjese que me llamo Ángel, mi hermano se llama Justo y nuestro apellido es Iglesias.	
"TUCO"	—Sí, somos muy buenos ciudadanos; lo que pasa es que siempre vamos de mal en peor.	
"TICO"	—¡Metiste la pata!	
LIC. SOLÍS	—Señor Juez, hay que comprender que mis clientes padecen de anomalía mental y están locos de remate. Ellos son buenos y solamente necesitan estar en un centro de rehabilitación social.	
JUEZ FLORES	—Señores Iglesias, entonces ¿es verdad que asaltaron al matrimonio Hernández?	
"TICO"	—No, lo hicimos de broma.	
"TUCO"	—Es que estábamos de malas ese día.	
LIC. MARTÍNEZ	—Se merecen que los castiguen° fuertemente.	they deserve to be punished

(Después de deliberar por largo rato, el juez da el fallo.)

JUEZ FLORES	—Señores Iglesias, el juicio ha terminado. Ustedes son culpables y los condeno a cadena perpetua.
MABEL Y EDUARDO	—Esos pillos se han llevado su merecido.

△▽△ II.   ¿Recuerda Ud.?

1. ¿Por qué dice "Tico" que ellos son muy buenos?
2. ¿Por qué les conmutaron la condena a los hermanos Iglesias?
3. ¿Por qué dijo "Tico" que "Tuco" había metido la pata?
4. Según el señor Solís, ¿de qué padecen sus clientes?
5. De acuerdo con el señor Solís, ¿qué necesitan "Tico" y "Tuco"?
6. Según "Tico" y "Tuco", ¿por qué asaltaron ellos a los Hernández?
7. ¿Cuál fue el fallo del Juez Flores?
8. ¿Están contentos Eduardo y Mabel con el fallo del juez? Explique.

▷ *Notas de interés*

In Spanish-speaking countries descendants of the Roman Code of Law prevail. Roman law is quite different from the English Common Law that is the source of the system used in the United States. Under Roman law, for example, juries (**jurados**) are rare, and judges have far more power than their counterparts in the United States. Another underlying difference is the Roman concept of absolute ownership of property, which contrasts with the English concept of ownership as the relatively better right to possession and use.

Lawyers enjoy a great deal of prestige in the Spanish-speaking world. They are called **abogados, letrados,** or **licenciados.** A legal expert is known as a **jurista,** and a judge may be called a **juez** or **magistrado.**

OFRECESE
ABOGADO
Especializado en cobros. Media o jornada completa. Título gestor administrativo y administrador de fincas urbanas
OFERTAS APARTADO 54.047 DE MADRID

Fallan en contra de acusado de matar maestra

Vocabulario Práctico

NOMBRES

el **abogado defensor**   defense attorney
el **acusado**   defendant
el **alegato**   allegation
el **alguacil**   bailiff
la **anomalía mental**   mental disorder
el **banquillo**   bench
la **cadena perpetua**   life imprisonment
la **cárcel**   jail
la **condena**   sentence
el **chantaje**   blackmail
el **deber**   duty
el **expediente**   brief
el **fallo**   verdict
el **fiscal**   prosecutor
la **hoja criminal**   criminal record
el **incendio premeditado**   arson
el **juicio**   trial
el **juzgado**   court
la **ley**   law
la **libertad condicional**   parole
la **pena capital**   capital punishment
el **presidio**   penitentiary
el **prófugo**   runaway
el **recluso**   prisoner
el **reo**   offender
la **sala del tribunal**   courtroom
el **secuestro** kidnapping
el **testigo**   witness
la **violación**   rape

VERBOS

asesorar   to advise
declarar   to testify
derogar   to repeal
fijarse   to pay attention
padecer   to suffer

ADJETIVO

culpable   guilty

MODISMOS Y EXPRESIONES ÚTILES

bajo fianza   out on bail
dar parte   to report
de malas   in a bad mood
fuera de lugar   out of place
hacerlo de broma   to do it as a joke
hacer un receso   to recess
ir de mal en peor   to go from bad to worse
loco de remate   completely mad
llevarse su merecido   to get what one
   deserves
meter la pata   to put one's foot in one's
   mouth
no decir ni pío   not to say boo
no venir al caso   to be irrelevant

△▽△ **III. Práctica del vocabulario**

A. Complete las frases con la forma correcta de los siguientes vocablos:

cárcel	**prófugo**	**juicio**	**recluso**
fallo	**asesorar**	**derogar**	**padecer**
testigo	**secuestro**	**jurista**	**declarar**

1. No estamos de acuerdo con el .... del magistrado.
2. Si Ud. comete un crimen irá a la ....
3. El .... tendrá lugar en el juzgado.
4. Quiero que .... la pena capital en este país.
5. Los .... estaban en el presidio.
6. Él está en el presidio por delito de ....
7. Él sabe tanto de leyes y por eso es un gran ....
8. El .... dijo que había visto el asalto.
9. Él se escapó del presidio, por lo tanto es un ....
10. De vez en cuando el abogado .... a su cliente.

B. Escoja la palabra que no corresponda en cada grupo de palabras:

1. abogado   letrado   alguacil
2. juez   magistrado   prófugo
3. chantaje   secuestro   fallo
4. presidio   sala del tribunal juzgado
5. reo   testigo   recluso

C. Escriba una oración con las siguientes expresiones:

1. no venir al caso
2. estar de malas
3. ir de mal en peor
4. estar loco de remate
5. llevarse su merecido

△▽△ **IV. Preguntas personales**

1. ¿Está Ud. de acuerdo con el fallo del Juez Flores? Explique.
2. ¿Qué opina Ud. acerca de la libertad condicional?
3. ¿Sabe Ud. lo que quiere decir *estar bajo fianza*? Explique.
4. Si Ud. fuera juez, ¿qué haría con las personas que padecen de anomalía mental y cometen delitos?
5. ¿Cree Ud. que personas como "Tico" y "Tuco" puedan rehabilitarse? Explique.
6. Si Ud. fuera testigo de un delito, ¿declararía o no diría nada? ¿Por qué?
7. ¿Le gustaría a Ud. ser abogado? ¿Qué clase de abogado?
8. ¿Cuál es su opinión acerca del sistema de justicia en los Estados Unidos?

V. Descripción del dibujo

1. ¿Quién es la señora que está de pie? Descríbala.
2. Describa en detalle el acusado.
3. ¿Parece culpable el acusado? Explique su respuesta.
4. ¿Qué crimen habrá cometido él?
5. ¿Parece severo el juez? Dé dos o tres razones.

△▽△ VI. Actividades

A. Haga Ud. un pequeño relato sobre un juicio que haya presenciado o una película que haya visto basada en un juicio. Esté listo para responder a las preguntas que tengan sus compañeros de clase.

B. Dos estudiantes serán acusados de cometer un delito, y se les hará un juicio. El aula se convertirá en la sala del tribunal y habrá tres magistrados, un abogado defensor y un fiscal. Dos estudiantes más serán los alguaciles y el resto de la clase será el jurado. Traten de poner en práctica lo que han aprendido en la lección.

△▽△ VII.   Escribamos o conversemos

Tenga en cuenta el plan que aquí se le ofrece y luego desarrolle el tema.

Título: La pena capital

I. *Introducción*
    Por qué (no) estoy a favor de la pena capital.

II. *Desarrollo*
    A. ¿Se puede justificar la pena capital?
    B. ¿Cuáles son sus consecuencias?
    C. El efecto de la pena capital en:
        1. la guerra contra el crimen
        2. el sistema de justicia
        3. la sociedad
        4. la moral humana

III. *Conclusión*
    Resuma sus puntos de vista sobre la pena capital.

Una fiesta

OBJECTIVES

SITUATION: A group of friends, Julio, Roberto, Mercedes, and Amparo, plan a birthday party for Mercedes' fiancé, Adrián.

VOCABULARY: You will learn words and expressions that are useful in planning and attending parties.

NOTES OF INTEREST: This chapter points out the importance of a girl's fifteenth birthday, the tradition of celebrating saints' days, and the gradual disappearance of the custom of chaperoning.

ACTIVITIES: The activities in this chapter encourage research into various dances that have their origins in Hispanic culture. Also, you will be asked to plan a party with a Hispanic theme.

Conversación

MERCEDES	—El jueves es el cumpleaños de Adrián y haremos una fiesta.
JULIO	—Tendríamos que hacer la fiesta el sábado, porque el jueves es día de clases.
AMPARO	—¡Qué casualidad! El jueves es el día del santo° de mi hermana Rita.
JULIO	—¿Dónde haremos la fiesta?
ROBERTO	—Creo que mi casa es el mejor lugar porque es muy amplia.°
AMPARO	—Muy bien, ¿a quiénes convidamos?
MERCEDES	—Aquí tienen la lista de invitados.
JULIO	—Conozco a la mayoría de ellos.
AMPARO	—Mercedes, creo que metiste la pata en incluir a Laura Figueroa.
MERCEDES	—¿Por qué?
AMPARO	—Porque me cae muy gorda y se da mucha lija.
ROBERTO	—No me gusta mucho ver el nombre de Santiago Jiménez en la lista, porque ese tipo es un aguafiestas.
MERCEDES	—Acuérdense que ellos son amigos de Adrián, es su fiesta, y él es mi novio.°
JULIO	—Tienes razón. Me encanta que hayas puesto a Marta Soto en la lista. La conocí en los quince de Cristina Pérez. ¡Es una rubia despampanante y una gran bailadora!
ROBERTO	—¿De veras? No la encuentro tan bonita.
AMPARO	—Por favor, no discutan.
JULIO	—Bueno, ¿quién se encargará de la música?
ROBERTO	—Tengo un buen tocadiscos, una gran selección de discos, y muy buenas cintas con las últimas canciones de mi conjunto favorito y del cantante favorito de Adrián.
AMPARO	—¿Cómo haremos las invitaciones?
MERCEDES	—Creo que por teléfono. Es la forma más rápida. Eso sí, no quiero que Adrián se entere, porque quiero darle una sorpresa.

saint's day

roomy

fiancé

△▽△ I.   ¿Recuerda Ud.?

1. ¿Por qué quiere Mercedes hacer una fiesta?
2. ¿Cómo se llama la hermana de Amparo?
3. ¿Dónde harán la fiesta? ¿Por qué?
4. ¿Quién es Laura Figueroa? Explique.
5. ¿Quién es Santiago Jiménez? Explique.
6. ¿Cómo se llama el novio de Mercedes?
7. ¿Por qué quiere Julio que Marta Soto vaya a la fiesta?
8. ¿Por qué se encargará Roberto de la música?
9. ¿Cómo harán las invitaciones? ¿Por qué?
10. ¿Por qué no quiere Mercedes que Adrián se entere de la fiesta?

(Después de llamar por teléfono a los invitados.)

AMPARO	—¿Quién se encargará de la comida?
JULIO	—Me imagino que° la mamá de Roberto.
ROBERTO	—De eso nada. Mamá me dijo que sólo podríamos usar la casa.
MERCEDES	—Bueno, nos tocará a Amparo y a mí. ¿Qué pondremos?
JULIO	—Me parece que unos cuantos bocadillos y algunos entremeses para picar.
MERCEDES	—¿Qué bebida serviremos?
JULIO	—Refrescos y cerveza, por supuesto.
ROBERTO	—No, sería mejor preparar una buena sangría.
MERCEDES	—Espero que nadie se emborrache, porque los borrachos siempre arruinan las fiestas.
AMPARO	—Roberto, ¿supongo que tus padres estarán presentes?
ROBERTO	—No, los convenceré que salgan° esa noche.
JULIO	—¡Magnífico!, aunque temo que Liliana Hernández traiga de chaperona a su tía doña Ofelia.
MERCEDES	—¡Qué barbaridad! Esa vieja nos echaría a perder la fiesta.
ROBERTO	—¿Quién se ocupará de recoger cuando se acabe la fiesta?
JULIO	—*(Riéndose)* Espero que doña Ofelia.
MERCEDES	—¿Qué regalo le daremos a Adrián?
ROBERTO	—Vamos a comprarle una grabadora.

I imagine

I'll persuade them to leave

(Fue una fiesta magnífica, y ahora los cuatro anfitriones y Adrián conversan después de la fiesta.)

ADRIÁN	—Gracias a todos por la fiesta y por la grabadora.
MERCEDES	—Estoy muy contenta, y me alegro que te hayan gustado la fiesta y el regalo.
AMPARO	—Ha sido una fiesta inolvidable.
JULIO	—¡Qué bien baila doña Ofelia!
MERCEDES	—Es una mujer simpatiquísima.
ROBERTO	—Bueno, ahora a recoger. Ya verán la fiesta de fin de curso° que haré.

end-of-semester

△▽△ II. ¿Recuerda Ud.?

1. ¿Quiénes se encargarán de la comida, y qué pondrán?
2. ¿Qué teme Julio? ¿Por qué? Explique.
3. ¿Qué le regalaron a Adrián? ¿Quiénes?
4. ¿Fue doña Ofelia a la fiesta? ¿Cómo lo sabe Ud.?
5. Después de la fiesta, ¿cuál es la opinión de Mercedes sobre doña Ofelia?

Notas de interés

There is a saying in Spanish that "All saints have their day" (**A todo santo se le llega su día**). It could be said also that every day has a saint. In Spanish-speaking countries people often celebrate their saints' days rather than their birthdays. Someone whose name is Juan or Juana, for instance, would celebrate June 24, Saint John's Day. Because so many people are named Juan, Juana, José, Josefina or Carmen, these saints' days are legal holidays in many countries.

In Hispanic cultures a girl's fifteenth birthday calls for a very special party called **los quince** or **la quinceañera.** It is similar to an old-fashioned debut in the United States. It marks the girl's official entry into society, and after **los quince** she is allowed to date.

The old tradition of **la chaperona** is slowly disappearing in Hispanic countries. The custom used to be that an older female relative would accompany a young woman on a date or to a party. Today this practice survives mainly in small rural communities, where people cling to tradition in general more than they do in large cities.

Vocabulario Práctico

NOMBRES

el **aguafiestas**   party-pooper
el **anfitrión**   host *(party)*
el (la) **bailador(a)**   dancer
el **bocadillo**   sandwich
el **borracho**   drunk
el (la) **cantante**   singer
la **cinta**   tape
el **conjunto**   combo
el **cumpleaños**   birthday
el **disco**   record
la **grabadora**   tape recorder
el **invitado**   guest
el **regalo**   gift
el **santo**   saint
el **tocadiscos**   record player

VERBOS

arruinar   to ruin
bailar   to dance
convidar   to invite
emborracharse   to get drunk
picar   to munch
recoger   to clean up

ADJETIVOS

despampanante   gorgeous
inolvidable   unforgettable

MODISMOS Y EXPRESIONES ÚTILES

caer gordo   to be annoying
darse lija   to put on airs
dar una sorpresa   to surprise *(someone)*
de eso nada   no way
¿de veras?   really?
echarse a perder   to ruin
ese tipo   that guy
hacer una fiesta   to have a party
ocuparse de   to worry about
¡qué casualidad!   what a coincidence!
¿qué pondremos?   what can we serve?
ser un pesado   to be a drag

△▽△ **III. Práctica del vocabulario**

A. Complete las frases con la forma correcta de los siguientes vocablos:

tocadiscos	discos	bailador	conjunto
anfitrión	emborracharse	bocadillo	convidar
santo	picar	bailar	regalo

1. Carlos hará una fiesta, por lo tanto él será el ....
2. No creo que ellos me .... a esa fiesta.
3. Anoche bebí mucha sangría y ....
4. A Carlos y a María les gusta música, y son muy buenos ....
5. Me dieron muchos .... el día de mi cumpleaños.
6. ¿No hay nada de .... en esta fiesta?
7. Tengo muchos .... de esos cantantes.
8. Ella no sabe cuál es la marca de su ....
9. Yo quiero que ella .... conmigo.
10. María, ¿cuándo es el día de tu .... ?

B. Conteste en español las siguientes preguntas:

1. ¿Para qué sirve una grabadora? Explique en detalle.
2. ¿Cuál es la diferencia entre un anfitrión y un invitado?
3. ¿Qué es una chaperona? Explique bien su respuesta.
4. ¿Cuál es la diferencia entre un conjunto y un cantante?
5. ¿Cuál es la diferencia entre el santo y el cumpleaños?

C. Explique en español el significado de las siguientes oraciones:

    1. Luis es un aguafiestas.
    2. Esa chica se da mucha lija.
    3. Carlos es muy pesado.
    4. Ella echó a perder la fiesta.
    5. Ella me cae muy gorda.

△▽△ IV. Preguntas personales

1. ¿Está Ud. de acuerdo con Mercedes cuando dice que los borrachos arruinan las fiestas? Explique.
2. ¿Le gusta bailar a Ud.? Dé varias razones por qué sí o no.
3. ¿Qué hace Ud. cuando va a una fiesta? Explique en detalle.
4. ¿Cómo celebra Ud. su cumpleaños? Explique bien.
5. ¿Hay alguien que le cae gordo a Ud.? ¿Por qué?
6. ¿Cuál es su opinión sobre las chaperonas? Explique.
7. ¿Qué haría Ud. si diera una fiesta y aparecieran personas que no haya invitado?
8. ¿Le gustaría a Ud. formar parte de un conjunto? Explique.

△▽△ V. Actividades

A. Cada estudiante dará un breve informe acerca de uno o dos de los bailes que aquí se le ofrecen:

el flamenco	la samba	el breakdancing	el jarabe tapatío
el tango	la salsa	el rock	el disco
la cumbia	el mambo	el merengue	

B. La clase "preparará" una fiesta. Las tareas son las siguientes: (1) varios estudiantes harán una lista de invitados, la discutirán, y escribirán las invitaciones en español. (2) Algunos escogerán y hablarán de la música que van a tocar. (3) Otros se encargarán de hacer una lista de la comida y las bebidas. (4) Y por fin un estudiante será el anfitrión y se ocupará de presentar a los invitados. Traten de poner en práctica todo lo aprendido en este capítulo.

△▽△ **VI. Descripción del dibujo**

1. Describa lo que está haciendo la mayoría de la gente.
2. ¿Cuántos miembros tiene el conjunto?
3. Describa lo que está haciendo el joven que está cerca de la mesa.
4. Explique si Ud. ve o no ve a alguna chaperona en el dibujo.
5. ¿Piensa Ud. que ésta es una fiesta divertida? ¿Cómo lo sabe?

△▽△ **VII. Escribamos o conversemos**

Escriba Ud. una composición o dé un informe acerca de una fiesta que le gustó mucho.
El siguiente modelo lo ayudará en la tarea.

Título: Una fiesta inolvidable

    I. *Introducción*
        A. ¿De quién era la fiesta?

B. ¿Dónde fue la fiesta?
C. ¿Por qué fui invitado?
D. ¿Fui solo o con alguien?

II. *Desarrollo*
A. ¿Había muchos invitados?
B. ¿Cómo eran ellos?
C. ¿Conocí a alguien interesante?
D. ¿Qué sirvieron de comida o de bebida?
E. ¿Cómo estuvo la música?
F. ¿Bailé mucho o conversé?
G. ¿Hubo algún incidente inesperado?

III. *Conclusión*
¿Por qué fue una fiesta inolvidable?

Vocabulario

This **vocabulario** contains all the words that appear in the text except: (1) words considered part of the student's lexicon at the intermediate level; (2) most recognizable cognates; (3) adverbs ending in **-mente** and superlatives ending in **-ísimo** when the corresponding adjectives are listed; (4) verb forms other than the infinitive.

Gender of nouns is not indicated for masculine nouns ending in **-o** and for feminine nouns ending in **-a, -ad,** and **ión.** For the most part, only the masculine forms of adjectives are listed.

The following abbreviations are used:

adj.	adjective	**interj.**	interjection	**PR**	Puerto Rico
Arg.	Argentina	**m.**	masculine	**SA**	Spanish America
Car.	Caribbean	**Mex.**	Mexico	**Sp.**	Spain
Cu.	Cuba	**n.**	noun	**U**	Uruguay
f.	feminine	**p.p.**	past participle	**Ven.**	Venezuela

abandonar to leave, depart from

ablandar to soften

abogado lawyer

abordar to board

abrazar to hug

abrazo embrace

abrigo overcoat

abrir to open

abrocharse to fasten

abuchear to boo, to hiss

aburrido boring

acabar to finish

acabarse to run out of

acaso perhaps

aceite (m.) oil

aceituna olive

acerca de about, concerning

acondicionador conditioner

acontecimiento event

acordarse to remember

acuerdo agreement, understanding

acumulador (m.) battery

acusado (n.) defendant

adelante (interj.) go ahead

aduana customs

aduanero customs official

advertir to warn

aereolínea airline

afeitar to shave

aficionado fan

agarrar to capture

agente (m.) **de automóviles** car dealer

agitarse to get excited

agotarse to sell out

agrícola agricultural

aguafiestas (m.) partypooper

ahogarse to choke

ahorrar(se) to save (money)

ajo garlic

ala wing

alcachofa artichoke

alegato allegation

alegrarse to be or feel happy

alegría joy

algodón (m.) cotton

alguacil (m.) bailiff

almacén (m.) department store; warehouse

almacenista (m. and f.) wholesaler

almedral (m.) almond grove

almeja clam

almuerzo lunch

aló hello

alojarse to take up lodging

alquilar to rent

alquiler (m.) rent, rental

altoparlante (m.) loudspeaker

amable kind, nice

amarillo yellow

amor *(n.)* darling

amplio large, roomy

anciano *(n.)* old man

ancho loose-fitting *(clothes)*

andaluz Andalucía inhabitant

andén *(m.)* platform

anfitrión *(m.)* host *(party)*

anomalía insanity

anotación score

anotador *(m.)* scorekeeper

anotar to score

antiguo ancient

anuncio advertisement; commercial

apagar to turn off *(radio, etc.)*

aparcarse to park

apellido surname

apenas barely, hardly

apio celery

aplicado *(adj.)* conscientious

apodo nickname

apreciado *(adj.)* dear *(in a letter greeting)*

aprehender to arrest

aprobado *(n.)* pass *(lowest mark for passing an examination)*

aprobar to pass

apuntes *(m.)* notes

apurarse to hurry up

arar to plow

árbitro referee

arrancar to start (a motor)

arrear to drive

arreglar to arrange

arreglarse to smarten or tidy oneself up

arroz *(m.)* rice

arruinar to ruin

asado *(p.p.)* roasted

asaltante *(m.)* assailant

ascensor *(m.)* elevator

asesorar to advise

asiento seat

asignatura subject *(in school)*

asistir to attend

aspirante *(m.)* applicant

atardecer *(m.)* dusk; late afternoon

atender to wait on, give service to; to listen

aterrizaje *(m.)* landing

atracar to hold someone up

atreverse to dare (to)

auricular *(m.)* receiver *(telephone)*

auto car

automóvil *(m.)* car

auxilio *(interj.)* help

ave *(f.)* fowl

avería breakdown

avión *(m.)* airplane

avisar to call; to inform

azafata stewardess; flight attendant

azul blue

bachiller *(m.)* high school diploma

bailador(a) dancer

bailar to dance

bajarse to get out *(e.g., of a car)*

bajo short; downstairs

baloncesto basketball

balonvolea volleyball

bandera flag

banderilla small dart with a streamer

banquillo bench

bañera bathtub

barato cheap, inexpensive

barbería barbershop

basura trash

baúl *(m.)* trunk

beber to drink

bebida drink

beca scholarship

béisbol *(m.)* baseball

bello beautiful

biblioteca library

bienvenido welcome

bienes raíces *(m.)* real estate

bigote *(m.)* moustache

billete *(m.)* ticket; paper currency

billetera billfold, wallet

bisutería linen shop

boberías nonsense

boca mouth

bocadillo sandwich

bocina car horn

boleto *(SA)* ticket

borracho drunk, intoxicated

borracho *(n.)* drunk, drunkard

bote *(m.)* jar (for gratuities)

boticario pharmacist

botones *(m.)* bell-boy

boxeo boxing

bragas women's underwear

brazo arm

brillantina hair oil

brocha shaving brush

broma joke

bueno all right; okay

bueno *(Mex.)* hello *(in answering the telephone)*

buscar to look for

buzón *(m.)* mailbox

caballo horse

cabeza head

cabina booth

cabo tail

cadena network

cadera hip

café *(m.)* coffee; coffeehouse

cajero cashier; teller

calcetín *(m.)* sock

calificación grade *(in examinations)*

calvo bald

calzoncillos underwear

callejón *(m.)* alley

camarera maid, chambermaid

camarero waiter

cambiar to exchange

cambio exchange; change

camisa shirt

camisón *(m.)* nightgown

campeonato championship

campesino *(SA)* small farmer, laborer, peasant

campo track; countryside; field *(of study)*
canal *(m.)* channel
canas gray hair
canje *(m.)* exchange
cantante *(m. and f.)* singer
capó hood
cara face
carabinero local police
cárcel *(f.)* jail
cargo job
cariño love
cariñoso affectionate
carne *(f.)* meat
carnet *(m.)* driver's license
caro expensive
carpintería carpenter's shop
carrera career; run *(e.g., baseball)*
carretera highway
carro car
carta menu; letter
cartel *(m.)* sign
cartelera entertainment section *(of a newspaper)*
cartera handbag
casillero set of mailboxes
caspa dandruff
célebre *(adj.)* famous
cena dinner, supper
cenar to dine
céntrico well located
centro downtown
cereza cherry
cerradura lock
cerrar to close
cerveza beer
cesta curved basket *(used to catch ball in jai-alai)*
cicatriz *(f.)* scar
ciclismo bicycling
ciencias comerciales business
ciencias políticas political science
cinta *(recording)* tape
cinturón *(m.)* belt
cita appointment
ciudadano citizen
claro legible

clasificado *(n.)* classified advertisement
claustro faculty *(staff)*
clavar to plant *(the lance)*
cliente *(m. and f.)* customer
clínica health care association
cobrar to charge; to cash
cobro charge
coche *(m.)* car
cocido *(n.)* stew
cochinillo asado roast suckling pig
código code
código postal zip code
colegio private high school
colgar to hang up *(receiver)*; to flunk
colocar to hire
comedia play
comentarista *(m. and f.)* newscaster
comenzar to start
comida noon meal
comisaría police station
comodidad comfort
cómodo comfortable
compañero classmate
competente qualified
complacer to please
comprar to buy, purchase
comprobante *(m.)* claim ticket; check
concurso contest
condena sentence
condenar to condemn
condimento seasoning
conducir to drive *(a car)*
conferencia lecture
conjunto combo
conmutar to commute *(a sentence)*
conseguir to find, get
consejero counselor
consultorio doctor's office
contar to tell
contestar to answer
convencer to persuade
convidar to invite
copa wineglass

coraje *(m.)* courage
corbata necktie
cordero lamb
cornada goring
correa fan belt
correo(s) post office
correo aéreo airmail
corrida bullfight
cortar to cut off; to cut
corte *(m.)* cut
corto short
costar to cost
cotización rate
crespo curly
criar to raise *(animals)*
crimen *(m.)* criminal offense
cruce *(m.)* crossing
cuadra block *(street)*; stable
cuadrilla bullfighter's troupe
cuarto room; bedroom
cuchara spoon
cuchillo knife
cuello collar; neck
cuenta bill; charge account
cuentista *(m. and f.)* short-story writer
cuento short story
cuero *(adj.)* made of leather
cuidarse to take care of one-self
culpa fault
culpable guilty
cumpleaños *(m.)* birthday
curandero folk healer
curiosear to browse
cursivo italics
curso course; academic year, term, semester

champiñón *(m.)* mushroom
champú *(m.)* shampoo
chantaje *(m.)* blackmail
chapa license plate
charlar to chat
cheque *(m.)* check
chequeo medical checkup
chévere *(Car.)* Caribbean expression meaning *great, okay,* etc.
chisme *(m.)* gossip

chorizo sausage
churro Spanish-style doughnut

deber to owe
deber (m.) duty
declarar to testify
dedo finger
delantal (m.) apron
delantero forward (e.g., soccer position)
delito crime
demorar to delay
denuncia crime report
dependiente (m. and f.) clerk
deporte (m.) sport
deprimente depressing
derecho (n.) law; duty; right
derogar to repeal
desafío challenge
desaparecer to disappear
desarrollado developed
desarrollo development; evolution
desayunar(se) to eat breakfast
desayuno (Sp.) very light breakfast
descuento discount
desear to wish
desempleo unemployment
desenlace (m.) end, climax (of a literary work)
desocupado vacant
despacho office
despampanante stunning, gorgeous
despedida departure; farewell (e.g., letter)
despegar to take off (plane)
despegue (m.) take-off
destinatario addressee
desventaja disadvantage
detallista (m. and f.) retailer
detenerse to stop
dibujo sketch
dictar to lecture
diga (dígame) (Sp.) hello (in answering the telephone)
dineral (m.) gobs of money

dirección address
dirigirse (a) to address (speak); to go to, head for
disco (phonograph) record
disfrutar to enjoy
disponible available
divinamente (interj.) great
doblar to turn (a corner)
doble (m.) room with a double bed
documentación documents
doler to ache
dramaturgo playwright
ducha shower
dulcería confectioner's shop
duro (n.) a five-peseta coin

echar to mail
editorial (f.) publisher
efectivo (n.) cash
ejemplar (m.) copy
embarcar to ship
embarque (m.) shipment (of cargo)
emborracharse to get drunk
embrague (m.) clutch
emisora radio station
emocionante exciting
empleado (n.) employee
empleo employment
empresa firm, business
empujar to shove
encantador (adj.) charming
encantar to delight, fascinate; to please
encañonar to point (gun)
encargarse (de) to be in charge (of)
encender to turn on (TV)
encontrar to find; to encounter
endosar to endorse (a check)
enfadado angry, mad
enfadarse to get mad
enfermedad illness
enfermera nurse
enhorabuena congratulations
enjuagar to rinse
ensalada salad

ensayista (m. and f.) essay writer
ensayo essay
enseñanza learning
enseñar to teach, show
enterarse to find out
enterrado buried
entrecote (m.) loin
entrega delivery
entregar to hand (over); to deliver, turn in
entremés (m.) hors d'oeuvre
entrenador (m.) coach, trainer
entretener to entertain, amuse
entrevista interview
entrevistar to interview
enviar to send
equipaje (m.) luggage
equipo team; equipment
escaparate (Sp., m.) show window
escoger to choose, select
escritor (m.) author
escritorio desk
espalda back
espárragos asparagus
espejo mirror
esposa wife
esposas handcuffs
esposo husband
esquí (m.) skiing
esquina corner
estancia stay; in Argentina, Uruguay and Peru, a large farm
estanciero large landowner
estanco tobacco store
estante (m.) bookshelf
estofado (m.) stew
estómago stomach
estornudar to sneeze
estrecho narrow, tight
estrella star
estribo stirrup
estupendo wonderful, marvelous
etiqueta tag (on merchandise), label

evitar to avoid
evitarse to spare oneself
exigente demanding
éxito success
expediente *(m.)* brief
extranjero *(adj.)* foreign
extrañar to miss *(people)*
extrovertido friendly
factura invoice
facturar to check in *(baggage)*
facultad professional school within the university
faja girdle
falda skirt
fallo verdict
fecha date
feria change *(money)*
feroz fierce
ferretería hardware store
fiambre *(m.)* cold cut
fianza bail, bond
fichero file
fijarse to notice, pay attention
filete *(m.)* steak
finca farm
firma business firm
firmar to sign
fiscal *(m.)* prosecutor
flete *(m.)* freight
folleto brochure
forma structure *(e.g., of a novel)*
formulario form, blank
franqueo postage
frenos brakes *(of a car, etc.)*
frente *(f.)* forehead
fresa strawberry
fresco cool
fresón *(m.)* pertaining to strawberries
frontón *(m.)* court used for playing Basque game of jai-alai
fuente *(f.)* source *(of work)*
fuerte *(adj.)* bad; large *(breakfast)*
fuerza strength
fugarse to escape

fumador(a) smoker
fumar to smoke
función performance
fundo *(Ch.)* large farm
fútbol (norteamericano) soccer; football

gaita bagpipe
galleta biscuit, cracker; cookie
gallina chicken; hen
gamba shrimp
ganado *(n.)* cattle
ganancia profit
ganar to win
ganas *(f.)* desire
ganga bargain
gaseosa *(n.)* soft drink
gaveta drawer
gazpacho cold soup *(tomatoes, cucumbers, olive oil, peppers, etc.)*
gerente *(m.)* manager
gira tour
giro money order
gol *(m.)* goal *(in soccer)*
goma tire
gozar to enjoy
grabación tape recording
grabadora tape or cassette recorder
grabar to record
gran great
grandeza greatness
gris gray
gritar to scream
grito scream
guajiro *(Cu.)* peasant
guante *(m.)* glove
guantera glove compartment
guardafango fender
guardia rural rural police
guía guide; directory
guiar to drive *(a car)*

habichuelas string beans
habitación bedroom
hacendado large landowner
hacienda *(Mex.)* large farm

hala *(Sp., interj.)* c'mon, go away
hallar to find
hato *(Ven.)* large farm
helado *(n.)* ice cream
heno hay
hoja sheet
hojear to thumb through
hola *(Arg. and U.)* hello *(in answering the telephone)*
hombro shoulder
hondo deep
horario schedule
hospedaje *(m.)* lodging; stay
hospedarse to lodge *(at)*
hostal *(m.)* hostel, inn
hotelero hotelkeeper
huésped *(m.)* guest
huir to flee

importe *(m.)* amount
impuesto tax
incendio premeditado arson
indicador *(m.)* blinker, gauge
indicar to point out
inesperado unexpected
infarto heart attack
información directory assistance
informe *(m.)* report
ingresar to deposit; to have admitted *(hospital)*
inolvidable unforgettable
instituto public high school
intercambiar to exchange
interés *(m.)* interest
invertir to invest
inversión investment
invitado *(n.)* guest
izquierdo left

jabón (m.) soap
jarabe *(m.)* *(cough)* syrup
jefe *(m.)* leader; boss; superior *(in one's employment)*
jesús *(interj.)* heavens
jíbaro *(PR)* peasant
jipi hippie
joya jewel

joyería jewelry store
judías string beans
juez *(m.)* judge
jugador *(m.)* player
jugar to play
juicio trial
jurado jury
jurista *(m. and f.)* legal expert
juventud *(f.)* young people; youth
juzgado *(n.)* court *(of law)*
juzgar to judge

kilómetro kilometer
kilómetraje ilimitado unlimited mileage

labios lips
labrador *(Sp.)* peasant, small farmer, laborer
lacio straight *(e.g., hair)*
lado side
ladrón *(m.)* thief
lana wool
largo long
lastimar to injure; hurt
lavabo sink
lavandería laundry
lavar to wash
leche *(f.)* milk
lechería dairy store
lechuga lettuce
legumbre *(f.)* vegetable
letrado lawyer
letrero sign
levantar to pick up *(the receiver)*
ley *(f.)* law
librería bookstore
librero bookshelf
licenciado lawyer
licorería liquor store
ligero light
limpio clean
lindo beautiful
literato literary expert
locutor *(m.)* announcer
lomo back *(of an animal)*
lugar *(m.)* place
luz *(f.)* light

llamada (común) call *(station to station)*
llave *(f.)* key
llegada arrival
llenar to fill out *(form)*
lleno full
llevar to take, carry
llorar to cry

magistrado judge
maldito darned
maleta *(SA)* suitcase
malhechor *(m.)* hoodlum
malvado villain
mandar to send
manejar to drive *(a car)*
manga sleeve
mano *(f.)* hand
mantequería dairy
manzana apple
mapa *(m.)* map
maquillaje *(m.)* makeup
máquina car
maquinilla clippers
maravilla miracle
marca brand, make
marcar to dial
marido husband
mariscos seafood
marrón brown
marcharse to step down *(e.g., courtroom proceedings)*
matador bullfighter
matrícula tuition
matricularse to register, enroll
matrimonio married couple
media sock, stocking
médico doctor
medios means
melocotón *(m.)* peach
membrillo quince jelly
mensual monthly
mentira lie
menudo *(Cu.)* change *(money)*
mercancía merchandise
merecer to deserve
merienda snack
merluza hake *(fish)*

meta goal, aim
meter to put
metro subway
milla mile
millonada fortune
mitad half
moda fashion
modelo type, model
molestar to bother
molestias trouble
molino (de viento) windmill
moneda currency; coin
montañoso mountainous
montar to ride
morado purple
morillo nape of the neck
mostrador *(m.)* store counter
mueblería furniture store
muestrario collection of samples
mujer wife; woman
muleta small red cape used by a bullfighter
multa *(traffic)* fine
muñeca wrist
músculos muscles

naranjal *(m.)* orange grove
nariz *(f.)* nose
natación swimming
navaja straight razor *(for a barber)*
navajita razor blade
negocio business
negro black
nieto grandson
niñez *(f.)* childhood
noroeste *(m.)* northwest
nota grade *(in examination)*
noticiero newscast
novio fiancé
nube *(f.)* cloud

obligatorio required
obra artistic work
obra maestra masterpiece
ocupado busy
odiar to hate
oigo *(Car.)* hello *(in answering the telephone)*

ojos eyes
olivar *(m.)* olive grove
oreja *(outer)* ear
oveja sheep

padecer to suffer
paella Valencian dish made with rice, seafood, etc.
pagar to pay
pagaré *(m.)* I.O.U., promissory note
paisaje *(m.)* landscape
palmada hand clapping
palmera palm tree
pan *(m.)* bread
papel *(m.)* role
pantalón *(m.)* trousers
paquete *(m.)* parcel
par *(m.)* pair
parabrisas windshield
parachoques *(m.)* bumper
parador *(m.)* inn managed by Spanish government
pararse to stop
parecer to seem, appear
parecido similar
pared *(f.)* wall
partido game, match
pariente *(m.)* relative
partir to depart, leave
pasaje *(m.)* fare, ticket
pasar to step *(come)* forward
paseo walk, stroll
pastilla pill, tablet
patata potato
patilla sideburn
pato duck
patrocinador *(m.)* sponsor
patrullera squad car
pavo turkey
pecho chest
pechuga breast *(of a fowl)*
pedagogía education
pedir to ask for; to order
peinado *(n.)* hairdo
peine *(m.)* comb
pelar to crop *(hair)*
peletería fur shop
peligroso dangerous
pelo hair

peluca wig
peluquera beautician
peluquería beauty parlor
peón *(m.)* bullfighter's helper
pena punishment, sentence
pensión boarding house
perder to waste; to lose
pérdida loss
perdurar to endure
peregrino pilgrim
periódico newspaper
periodista *(m. and f.)* journalist
personaje *(m.)* character
pesar to weigh
pesca fishing
pescadería fish market
pescado *(n.)* fish *(when caught)*
pésimo very bad; terrible
pestaña eyelash
petaca *(Mex.)* suitcase
picador one who lances the bull
picar to munch
picazón itching
piel *(f.)* leather, fur
pierna leg
pillo rogue
pimienta pepper
pintoresco picturesque
pintura painting
piscina swimming pool
pista runway; track; trail
planilla application
plano seating plan
planta (baja) floor *(first)*
plátano banana
plaza town square; seat
plazo installment
plomería plumber's shop
polea fan belt
pollo chicken
poncharse to have a flat *(tire)*
poner to put on *(a record)*; to show *(a movie)*
portada cover (book)
porte *(m.)* postage
portero goalie

postre *(m.)* dessert
practicar to practice, enjoy, play
prado pasture
precio price
precioso beautiful
prefijo area code
premiar to award
prensa press
presidio penitentiary
préstamo loan
presupuesto budget
probador *(m.)* fitting room
probar(se) to try on
profesorado faculty
prófugo runaway
promover to promote
propagandístico pertaining to advertising
propina tip, gratuity
publicar to publish
pueblo town
puerta gate
puesto job; place
pulga flea

quedar to fit *(e.g., clothes)*; to remain, stay; to be located
querido *(adj.)* dear *(in a letter greeting)*
quesería cheese store
queso cheese
quinceañera a special party for a girl who turns fifteen

rabo tail
radiografía X-rays
rancho cattle ranch
rápido fast
rato while, short time
raya part *(hair)*
rebaja sale
rabaño flock; herd
recámara bedroom
recepcionista *(m. and f.)* desk clerk
recetar to prescribe
recibirse to graduate
reclamación complaint

reclamar   to claim
recluso   prisoner
recoger   to harvest; to pick up, clean up
recorrer   to explore, tour
recorrido *(n.)*   drive, trip
recortar   to trim
rector *(m.)*   president *(of a learning institution)*
regalar   to give *(a gift)*
regalo   gift
regatear   to haggle
regla   rule
regresar   to return
reírse   to smile, laugh
rejoneo *(n.)*   fighting bulls with a lance
relojería   watchmaker's shop
remitente *(m. and f.)*   sender
renunciar   to resign
reo   inmate, criminal
requisito   requirement
resbaloso   slippery
resfriado *(n.)*   cold
resguardo   receipt
residencia (estudiantil)   dormitory
resistir   to bear or withstand
respirar   to breathe
respuesta   answer, response
resumen *(m.)*   résumé
retrovisor *(m.)*   rear-view mirror
revisar   to inspect, check
revista   magazine
reyes *(m.)*   monarchs
ría   fjord
río   river
rizador *(m.)*   curling iron
rodilla   knee
rojo   red
romería   pilgrimage
ropa   clothes
ropa interior   lingerie
ropería   clothing store
rostro   face
rubio   blond
rumbo   course, direction
rústica (en)   paperback

sabroso   delicious
sacar notas   to take notes
saco   coat, jacket
sal *(f.)*   salt
saldo   balance
salida   departure
salir   to come out; to leave, depart
salón *(m.)*   parlor
salud *(f.)*   health
saludar   to greet
salutación   greeting
sangre *(f.)*   blood
santo   saint
sastre *(m.)*   tailor
sastrería   tailorshop
secador *(m.)*   dryer
secar   to dry
seco   dry
secuestro   kidnapping
segar   to reap
seguir   to follow, continue
seguro *(n.)*   insurance
sello   stamp
sencillo *(adj.)*   modest
sencillo *(n.)*   single room
sentido *(n.)*   meaning
señalar   to point out
señas   address
sidra   cider
siembra   crops; sown field
silenciador *(m.)*   muffler
sillón *(m.)*   barber's chair
sobre *(m.)*   envelope
sobrecargo   surcharge
sobregiro   overdraft
sobremesa   chat at the table after a meal
sobresaliente *(m.)*   excellent *(the highest grade in an examination or course)*
sobrino   nephew
socorro *(interj.)*   help
solicitud *(f.)*   application
sollozar   to sob
sombrería   hat store
sonar   to ring
sonreír   to smile
sorbete *(m.)*   sherbet
sostén *(m.)*   brassiere

subir   to rise, climb
sucursal *(f.)*   bank branch office
sueldo   salary
suelto   change *(money)*
suerte *(f.)*   luck
suprimir   to leave out
sur *(m.)*   south
suscribirse   to subscribe to
suspender   to fail *(an examination or a course)*
suspenso *(n.)*   failing grade *(in an examination or a course)*

tablero   board
talonario   check book, stub book
talla   size *(of clothing)*
tanque *(m.)*   tank
tapas   tidbits
tapones *(PR, m.)*   traffic jams
tardar   to take *(time)*, to be long
tarjeta   card
tasa   rate
taza   cup
tebeos   comics
tela (en)   hardcover
tele *(f.)*   TV
telenovela   soap opera
televisor *(m.)*   TV set
temporada   tourist season
tenedor *(m.)*   fork
teniente *(m. and f.)*   lieutenant
teñir   to dye
terciopelo   velvet
terrateniente *(m. and f.)*   large landowner
tertulia   a get-together
testigo   witness
tienda   store
tijeras   scissors
timbre *(m.)*   bell
timón *(m.)*   steering wheel
tinte *(m.)*   dye
tintorería   dry cleaning shop
tirarse con   to get along with
titubear   to smile

titular *(m.)* headline
tobillo ankle
tocadiscos record player
tocante a about, concerning
tocarle a uno to be one's turn
tomar to take; to pick up *(car)*
tomate *(m.)* tomato
tomo volume
toparse con to run into
torear to fight *(a bull)*
torero bullfighter
torre *(f.)* tower
torta cake
toser to cough
traje *(m.)* man or woman's
    suit
trama plot *(of a novel, play or
    short story)*
trámite *(m.)* step *(in a nego-
    tiation, etc.)*
tras *(adv.)* after
trigo wheat
trigueño brunette
tripulación crew

trucha trout
turulato dazed, stunned

unidad credit hour
uva grape

vaca cow
vacante *(f.)* opening
vale *(Sp.)* okay, fine
valenciano from Valencia
valentía bravery
valer to cost; to be worth
valija *(Arg.)* suitcase
valor *(m.)* value
velís *(Mex.)* suitcase
vencer to win
vendedor *(m.)* salesman
venta sale
ventaja advantage
ventana window
verde green
verdura vegetable
vestíbulo lobby, foyer
vestido dress

vía way
viajar to travel
viaje *(m.)* trip
viajero traveler
vidriera *(Cu.)* show window
vigilante *(m.)* policeman
vinagre *(m.)* vinegar
viña vineyard
violación rape
vistazo glance
vitrina show window
víveres *(m.)* food products
vuelo flight
vuelta change *(money)*
vuelto change *(money)*

wáter *(m.)* toilet

yerno brother-in-law

zanahoria carrot
zapato shoe